裂变

打造超级团队不二法则

陆丰 著

经济管理出版社
ECONOMY & MANAGEMENT PUBLISHING HOUSE

图书在版编目（CIP）数据

裂变——打造超级团队不二法则/陆丰著. —北京：经济管理出版社，2019. 1
ISBN 978-7-5096-6304-2

Ⅰ. ①裂…　Ⅱ. ①陆…　Ⅲ. ①企业管理—组织管理学　Ⅳ. ①F272.9

中国版本图书馆 CIP 数据核字（2019）第 006684 号

组稿编辑：杨国强
责任编辑：杨国强　王　洋
责任印制：黄章平
责任校对：王淑卿

出版发行：经济管理出版社
　　　　　（北京市海淀区北蜂窝 8 号中雅大厦 A 座 11 层　　100038）
网　　　址：www. E-mp. com. cn
电　　　话：（010）51915602
印　　　刷：玉田县昊达印刷有限公司
经　　　销：新华书店
开　　　本：720mm×1000mm/16
印　　　张：14.75
字　　　数：232 千字
版　　　次：2019 年 1 月第 1 版　　2019 年 1 月第 1 次印刷
书　　　号：ISBN 978-7-5096-6304-2
定　　　价：48.00 元

前 言

足球盛事世界杯中大部分"精彩的球""踢进的球"都是队员相互配合的结果，是团队精神的彰显。即便你再有能力，也需要队友的配合，也是需要"打配合"的。每年美国职业篮球联赛结束后，都会从各个球队中挑选优秀的球员，组成一支队伍到各地比赛，以期望可以制造新一轮的高潮，但结果总是差强人意——胜少负多。

为什么？因为他们不是一个真正的团队，他们只是一个临时的组合，团队之间的配合、团队精神都是他们所欠缺的。更主要的是尽管他们每一个都是顶尖球员，但是并不一定是这个团队需要的。团队更强调的是彼此之间的配合、拥有各个方面的人才，这才会形成有效的出击。

一个团队可以战无不胜，可以不战而胜，也可以溃不成军，就看你怎么来进行管理。如果管理者不注重团队的培养、团队的选拔、团队的繁殖等，只会使这个团队最终瓦解。

所以笔者撰写了本书，以供各位管理者进行参考，以求共同进步。本书分为五个部分，包括团队的培养、团队的选拔、团队的繁殖、团队的股权以及团队的阿米巴经营。

本书具有以下特点：

第一，理论结合实践。本书以真实、鲜活的案例引出解决案例的理论。在某种程度上来说，这些案例具有普遍性和针对性，也就是说很多企业在发展的过程中都会遇到这些问题。通过理论结合实践的形式，可以很好地让管理者知其然并知其所以然。

　　第二，图文并茂。本书中运用了一些图示，通过图示可以很好地了解本书中所叙述的知识点。有助于管理者更好地对本书内容进行了解。

　　第三，语言精练、简洁，富有感染力。

　　第四，引用历史案例。本书中引入了一些历史案例，通过历史长河中的一些案例可以更清楚地看到结果，有助于我们从中吸取更多的经验。

　　总之，本书秉承"经营实学"的理念，从团队的各个方面进行叙述，以精练、简洁的语言为每一位管理者奉上最为宝贵的团队管理实战宝典。

　　在本书写作的过程中，笔者得到了很多人的支持，包括很多企业的经理、总监，还有很多经销商和店长等。正是在他们的支持下，笔者才能坚持至今。他们给笔者提供的很多素材，成了本书的蓝本。最后，笔者要感谢安邦智业的所有小伙伴，感谢他们陪在笔者的身边！笔者相信，安邦智业这个大家庭一定会越走越远！

陆　丰

目 录

第一章

团队裂变之蓄水

——团队裂变，你准备好了吗

团队中员工的选拔是指通过使用各种科学的手段和评价方法，从审查应聘者的资格开始，经过初选、面试、考试、体检、个人资料核实及录用人员的甄选过程。

员工的选拔对团队的发展与生存都起着非常重要的作用。事实显示，在同一职务上做得最好的员工与做得最差的员工在工作效率上前者是后者的几倍。所以，尽管在招聘选拔中借助科学的、系统的方法进行辨别和甄选是一项十分艰巨的任务，但它同时也可为团队以及企业的发展储备人力资源，为团队以及企业提高效益、节约成本打下基础。

员工选拔的作用具体来说有以下几方面：

（1）对员工的选拔有利于降低人员招聘风险，使招聘投入得到相应的回报。

员工的工作态度与其所具备的劳动技能、掌握的知识、以往的工作经验等将决定团队对该员工的投入能以多大程度收回。通过选拔应聘者，对其个性特点、心理素质、知识与技能、工作风格以及与工作相关的各方面的素质进行了解、分析，从而对该应聘者是否能够胜任该岗位进行判断。在进行一系列测评之后，可以招聘到最适合岗位要求的员工，通过优胜劣汰，可以有效地避免发生对那些不符合任职资格的应聘者留用或者将有胜任能力的人才拒之门外的情况，从而降低招聘风险。

（2）对员工进行选拔有利于人员的安置和管理，节省费用。

通过对员工进行选拔，我们可以对应聘者各方面素质指标的高低进行了解，对应聘者们的优势与劣势也可以进行分析比较，对他们进行具体岗位安置时可以做到有的放矢，真正做到用其所长，结合每个员工的特点和特定的职位，达到职能匹配。

经过严格的选拔可以减少雇用不合格人员和不愿为团队工作的人员的可能性，从而降低了辞退率及辞职率，进而为企业节约了人力资源成本。这些成本还包括企业对员工的培训费用。同时，有助于管理者在今后的管理过程中依据员工的不同特点实施管理。

（3）员工选拔有利于管理者对应聘者的未来发展潜力进行测试，有利于规划其职业生涯。

管理者可以通过有效的选拔过程对应聘者的潜能进行了解，对其未来发展的可能性进行预测，从而能够为其规划未来的职业发展，也可以为其提供适当的培训与提高的机会，这就很好地为其今后能充分发挥其工作潜力形成良好的工作习惯打下夯实的基础，也有利于管理者以及团队对人才结构进行有效的调整，并在团队与个人的发展方面实现共赢。

（4）对员工进行选拔有利于给应聘者提供公平、平等的竞争机会。

规范的选拔机制，可以为团队内外的应聘者提供一个公平、平等的竞争机会。在一系列的笔试、面试以及其他相关测试中，每位应聘者都有机会充分地、尽情地展示自己的才能，表现自我。

招人难

福建福州的蔡总跟笔者说现在招销售类员工真难，那么多人找工作，但是公司却一直招不到人，人事专员的招聘任务总是完不成。不要说真正能够进入公司工作的人了，就连邀约面试的成功率都不是很高。蔡总说："一开始我以为是人事专员能力的问题，就另招了一个员工，结果还是一样。现在招人怎么那么难。"

笔者对蔡总说："实际上你说的这个问题，不止你一家公司是这样，很多企业都面临这个问题。这在一定程度上和整个就业环境有关，但是和你的企业也有关，就是你是否能够真正向那些求职者传达你们的企业概况，包括企业的文化、企业的发展方向等，让那些求职者想要与企业一同发展。"

为什么招人的问题会这么令管理者头疼，主要有以下几个原因：

1. 销售类工作底薪低，压力大

家居建材类企业是非常需要销售人员的，但是家居建材类的销售人员也和其他企业的销售面临着一样的问题——底薪低、压力大。

现在很多年轻人尤其不愿意干销售，原因有以下几点：第一，觉得干销售没面子；第二，销售这个岗位的底薪太低，如果没有提成、没有业绩，那么工资很低，可能还不足以在大城市生活下去；第三，压力大，这个可能直接造成一些人拒绝加入销售这个行业。

实际上还会有很多人来面试销售类工作，但是即使通过面试，也不会是百分百都来上班，公司在选人的同时，面试者也同样在选公司。还有的员工是干了几天就走人，这种情况也不少。销售这个行业的普遍现象就是底薪低、压力大，那除这个普遍性因素外，管理者是否思考过还有其他的因素？

2. 招聘方式过于单一

管理者可以使用的招聘方式有很多，但是一般的企业管理者只会选择两三种招聘方式，甚至是一种招聘方式，如只在招聘网站上发布信息，等待求职者投递简历。这种管理者认为只要通过网络招聘就够了，不需要进行校园招聘或者人才市场招聘：现在人手一部手机，各种招聘软件可以说是尽在掌上的，那些需要消耗公司人力、物力以及时间的校园招聘和人才市场招聘可以不进行。但是总有一些人不是通过互联网来求职。所以即使网络非常好用，也别过分地依赖它。在各种社交场合也有可能认识到最完美的候选人。朋友的朋友也可能是合适的求职者，不要眼睛只盯着网上的简历而错过了和朋友聊天中产生的机会。

如果企业管理者只采取网上招聘方式的话，只能说公司获取求职者的信息渠道太少了，很难找到合适的人才。

3. 并未向求职者传达企业文化

无论是对于企业员工来说还是对于求职者来说，企业文化无疑是一个非常吸引他们的因素，对于企业来说，也是非常重要的一部分，所以企业管理者在日常的管理中，不但要将企业文化渗透给每一位企业员工，同时也要将企业文化传达给每一位求职者。

实际上，人力资源部门经理在进行招聘的过程中，无论是投放招聘信息还是在求职者进行面试的过程中都可以进行企业文化的传达。

企业文化更多的是指企业愿景和企业价值观这两个方面。

管理者可以向求职者大概介绍一下公司的基本情况以及求职者的发展空间，如：企业今后的发展目标、发展方向；求职者干得好的话，会有一个怎样的晋升空间；等等。为什么要向员工传达这样一个信息？事实上很多求职者在面对一份工作时，对他们吸引力更大的是今后的发展，至于刚到公司的那几个月的薪水，虽然也很重要，但他们更看重发展。

此外，管理者有必要向员工传达企业的价值观，所谓"道不同不相为谋"，很多管理者只是一味地强调企业的运营，对于员工的价值观直接忽视。例如，很多管理者要求销售人员加班，不服从者可以走人。实际上管理者这种强制性的要求会引起员工的反感情绪，甚至导致员工忍受不了而离职。价值观是什么？通俗来说就是一个人看待事物的标准，对是非对错判断的基本标准。对于企业来说，就是行为准则以及商业底线，例如是客户第一还是产品第一？强调创新还是强调踏实？如果费了很大精力才招进来的员工，对于企业的价值准则并不认同，那么他的行为将与管理者对他的期望相背离，其行为结果也会与企业价值背道而驰。因此，企业在进行人员招聘时，需要强调价值观上的志同道合。

解决招人难有以下几种方法：

1. 人才的重要性

管理者要意识到人才对于企业发展的重要性，实际上一个企业的增长速度可以通过企业中人才成长的速度来衡量。不仅上市型大企业大公司如此，成长型中小企业也是如此。

用工荒、零售业扩张缺兵少将、电商行业一将难求……这些都是目前中国大、小企业存在的现状。企业人才储备不足，轻则会放慢企业的发展速度，重则可能会被企业的快速成长拖死。

如果企业出现"人才荒"的迹象，管理者可以欢喜但是也要忧。欢喜是因为出现"人才荒"的迹象说明你的企业正在快速发展，现在企业的发展速度是目前的企业员工满足不了的。那为什么说企业管理者还要忧呢？是因为要想保持企业稳定的增长速度，就必须有人才来保驾护航；否则，企业想要取得多大的发展都只是黄粱美梦一场空。有些管理者认为战略规划丝毫没有破绽，市场、技术、产品都在掌握之中，但是恰恰忽略了人力资源这一方面，这其实和有一块短木板的圆木桶并没有多大的区别，圆木桶能盛放多少水并不取决于筒壁上最高的那块木板，而是取决于最短的那块木板。在企业追求发展的过程中，人力资源的缺失是导致企业衰退甚至灭亡的一个潜在的杀手。如果市场、技术、产品这些都规划得非常好但是没有人才去执行，那么一切都只是空谈而已。

当然，强调人才的重要性，并不单单指的是人才的数量，更强调的是人才的质量以及人才的多样性。如果企业员工的数量很多，但是一部分员工只是用来填塞工作岗位的人，并不是为企业发展负责任的人，那么企业要想取得发展将会举步维艰。实际上每个团队都需要人才，但是每个团队需要的人才都绝对不止一类。企业的团队就如同西天取经的唐僧师徒，既需要唐僧这个管理者，也需要孙悟空这样的能力者，还需要猪八戒这种协调者，更少不了默默无闻只干事的沙和尚。

2. 扩大招聘渠道

从古代的媒妁之言到后来的自由恋爱，再到现在各种相亲电视节目，虽然都是为了男女找对象，但随着时代的演进，找对象的形式有所改变。企业招聘人才也是同样的道理，目的不变，但提高其科学性和系统性是管理者更重视的问题，也只有系统化的招聘才能够帮助企业招到更多优质的人才，也才能更好地为企业招兵买马。

其实招聘渠道有很多种，管理者可以进行内部招聘，也可以进行外部招聘。

那内部招聘指的是什么呢？是指在企业内部人员中获取企业新需要的各种人才。其实每一家企业都是人才的聚集地，或许因为单位的原因，或许因为岗位的原因，很多人才的长处未能全部发挥出来，所以内部获取的重要方式是内部招聘。企业中的有些岗位，特别是一些非常重要的管理岗位，通常是由管理层根据考核结果确定最终的人选，甚至有时候会直接任命。此外，有些企业也常常通过非正式系统选拔空缺职位的候选人，如上司以及同事的口头推荐等。

在外部招聘方面，管理者可以采用的渠道有很多，如熟人推荐、职业介绍机构介绍、合作机构和学校推荐、各大网站招聘等。这些应聘者可以是学校的应届毕业生、其他组织的员工，也可以是失业人员。

企业进行外部招聘时常用的方式有：

第一，网站招聘。目前通过网站进行招聘是各大企业比较常用的一种方式。这些网站包括前程无忧、智联招聘以及 51job 等。面试者将个人简历投放在网站上，企业面试官可以通过网站直接筛选简历，如果有符合此岗位要求的，可以邀请面试者到企业与面试官直接进行面谈。

第二，现场招聘。现场招聘是由企业的招聘人员到招聘对象聚集的场所进行人员的直接招聘，这些场所包括学校、人才交流会等。

第三，发布广告。可以在报纸、电视等媒体上投放广告，广告内容包括职位名称、职位要求、薪资等。招聘广告的设计要满足以下要求：具有吸引力，能够激发求职者的欲望，能够引发求职者的兴趣，能够促使求职者行动，等等。

第四，通过招聘 APP 进行招聘。通过手机端的招聘 APP，面试官和面试者可以直接聊天，既可以发文字消息，也可以发语音消息。通过这种聊天，面试官可以直观地对求职者进行了解，这样就可以直接淘汰那些不符合要求的求职者，也可以直接邀约符合要求的求职者进行面试。这种招聘方式非常便捷，是当下非常流行的招聘方式。手机端招聘 APP 包括 BOSS 直聘、拉勾网、脉脉等，这些都是现在比较流行的手机端招聘 APP。

3. 管理者别让框架束缚了

很多人都受一些思维和固定的模式所束缚。例如，一些大学生找工作时，要找本专业的工作，认为干了其他专业的工作，那专业岂不是白学了；一些管理者收到一份关于人事求职者的求职信，打开一看，她原来有两年的美工经验，从没干过人事工作，就直接在潜意识中拒绝了这个求职者；等等。这都是用框架囚禁了自己。

只要这人是个人才，能对企业的发展起积极的推动作用，管理者都可以将他招至麾下。管理者在面对员工时要做到不问出身、不计前嫌以及真诚相待。

英雄不问出身。在历史的长河中，很多英雄豪杰都来自民间。例如，韩信曾建议刘邦"反其道而行之，争夺关中之地不难，进而夺取天下也不难"，为刘邦后来夺取天下起到了非常重要的作用。但是身为刘邦重臣的韩信，也曾受过"胯下之辱"，出身也并不是什么豪门大户，身份也并不高贵。

人才对于企业的发展是至关重要的，管理者必须要做好人才这方面的工作，不仅要通过多种方式招到人才，还要通过一定的方式留住人才，使其和企业相互促进发展。只有确保公司能够不断地补充人才，才能保持企业的长久活力，企业才能不断地取得进步和发展。实际上人才一直都难得，刘备三顾茅庐才得诸葛亮，在当今社会人才不足的情况下更是如此。只有管理者得到人才、爱惜人才、真诚对待人才，才能聚集起一支人才队伍。

留人比招人还难

江苏徐州的沈总跟笔者抱怨说："很多人说招人难，但是我觉得留人更难，要么干两天就走，要么刚过实习期就走。"沈总最近耗费了很多的人力物力，开通了好几种招聘渠道，也招到了一批高素质人才，想着扩充了队伍，好业绩也是指日可待的事情了。没想到隔三差五地就走人，等到实习期结束，这批人只剩下了三五个，并且没过几天，又有人要离职，最后只留下了一个人。这让沈总很是头疼，没想到花费了大量的时间和精力招人，还对这些新员工进行了培训，到头来并没有留住人。还要花费很多的时间和精力来招人，又要对他们进行培训，开始新的一轮，真怕结果又是一样的。

员工离职的原因如下：

如果一位员工通过了面试，来到了公司，那么可以肯定的是公司是有吸引他的地方的。当然离职也不是无缘无故的，肯定也存在一定原因。管理者要对这个问题进行反思，想想为什么留不住员工，而不是机械地进行新一轮招聘和培训，应该采取科学的管理手段解决企发展过程中人才流动性大、供需不平衡的问题。

实际上引起员工离职的因素有很多，如制度。招进来的员工进入公司一段时间后，发现是家族企业，经理是董事长的老婆，财务主管是董事长的儿子，行政主管是董事长的侄子等，员工看不到自己的未来，换句话说员工没有晋升的空间，再发展也发展不到管理层，这就导致了员工离职。

管理者要找出造成员工离职的原因，然后采取措施，降低员工的离职率。

面对员工离职，有以下几种思路和解决方法：

1. 顺其自然，员工离职很正常

很多管理者都会有这样的困惑，花费了很多的时间和精力来招聘员工，还对他们进行培训，但是实习期还没过，他可能就离职了，甚至还跳槽到竞争对手那里去，耗费了企业大量的时间、物力以及财力等。如果这样，还不如就用这些老人吧，不招人！

实际上无论哪个管理者遇到这样的事都会伤心、难过，都会有一定的困扰，但是管理者也要意识到员工离职是一个非常正常的现象，每家公司多多少少都会面临这样的问题。

生活中很多现象都如同员工离职一样。例如，我们明明清楚知道吃了中午饭，到了晚上还会饿，难道中午就不吃饭了吗？每天都会出现这样的意外、那样的事故，难道我们就待在屋里不出门了吗？难道我们尝试了一次，失败了，就不再做了吗？其实这个道理也是一样的，我们不能因为人才会流失，就不再进行人才的招聘和培养了。事实上，企业招聘、培养人才是非常值得的，即使最后只留下了一个人，那这个人为企业做出的贡献也是不可估量的。因此管理者对于员工离职，即人才流失这个问题要正确看待。

2. 用制度留人

事实上在很多问题上都会涉及企业制度这个问题。很多企业的老总在制定制度时，只是想着怎么对员工进行限制，通过一些强制性的措施来对员工进行约束，让员工进行工作。实际上好的制度应该不仅对员工有约束作用，还应该对员工有激励作用，让员工更有热情、更积极地投入到工作中去，要以员工的利益为基础。

管理者在制定规章制度的时候要结合公司的实际情况，保证制度的可行性，制定人性化的管理制度。

很多人对于业务员加班这个问题存在这样一个认知，即业务员加班是一件理所当然的事情，业务员不加班是不正常的。所以有些管理者就会制定这样的管理原则：能加班就干，不能加班就走人。实际上对于有些员工来说，强制性加班没有任何作用，反而会抑制其工作积极性。例如，有个员工每天都能在规定的工作时间内完成业绩任务，但是公司每天都要加班到固定时间，这让这位员工接受不了，就选择了离职。

3. 用待遇留人

所谓用待遇留人就是指在经济实力以及政策的允许下，理解并且尊重人才在衣食住行以及医疗等各方面的追求，让人才可以享受到与其职位以及价值相对应的待遇。

实际上薪酬是留人的重要因素之一。事实显示，其他任何方式都难以取代待遇留人。这也说明了在当前的社会环境中，对员工来说最重要的就是薪酬。薪酬不仅可以让员工追求自己想要的生活方式，提高自己的物质生活水平，还可以使员工在社会上得到认可，从而产生满足感以及骄傲感。所以企业要善于使用待遇留人。

4. 用文化留人

什么是用文化留人？所谓用文化留人，就是通过加强企业文化的建设，从而促使员工愿意与企业一同发展下去。企业要充分发挥企业文化的凝聚作用、导向作用、激励作用以及约束作用，让员工个人价值的实现与企业的发展目标结合起来。通过企业文化可以最大限度地激发员工心中蕴藏的对事业的追求以及个人价值实现的能力，增强企业文化对人才的吸引，增强员工心中的归属感。

此外，企业还要做到尊重人才、发现人才，在具体的实际工作中锻炼人才。这样不仅能够降低人才的成本，还可以激发人才的创新精神，为企业获取更多的利润。很多企业中往往存在着很多不尊重人才的行为，如埋没人才、排挤人才、欺骗人才以及贬低人才等。埋没人才最大的表现就是无论薪资还是晋升都是论资排辈、按部就班；排挤人才最大的表现就是在用人时任人唯亲、排斥异己；欺骗人才最大的表现就是往往以高薪、高职做诱饵，弄虚作假；贬低人才最大的表现就是在收入分配上仍然是平均主义，吃"大锅饭"。实际上如果企业不尊重人才，无论是刚入职的员工还是老员工都会辞职走人，因为他们连最基本的尊重都没有感受到。

很多管理者感叹招人难，留人更难，实际上管理者在面对这个问题时，首先要意识到这个问题是每一位管理者都会遇到的问题，是一个普遍性问题，其次要对员工离职的原因进行分析，了解员工为什么离职，最后要采取措施留人。企业管理者可以通过很多种方式留人，包括制度留人、待遇留人、文化留人等。人才是每一家企业的核心竞争力，所以企业管理者要做到尊重人才，才能使员工愿意与企业一同发展下去。

仗着是专才要求加薪

北京的马总跟笔者说，公司里的一位员工小韩，每年都会提出涨薪的要求，而马总毫无拒绝他的勇气，因为这位员工是一位专才。小韩在公司已经工作了好几年，不仅对这个岗位比较了解，同时对公司需要他做什么也都了如指掌。虽然这个岗位也一直在招人，前前后后也有很多人干了他这份工作，但是都没他做得好。因为怕小韩会离职，所以马总总是没有勇气拒绝他涨薪的要求。

为什么管理者都担心专才离职呢？是因为这样的专才员工是其他员工无法代替的，也就是说这些员工是无可取代的。因为他们是专才，有着公司所需要的专业技能，并且其他人都代替不了，所以企业老总担心他们离职。

当企业中某个非常重要的员工离职时，为了保证企业正常的运营，必须迅速招聘员工替补。但是他人并不能轻易替代这些人，所以一旦这些所谓的专才离开公司，往往会给公司带来如同惊涛骇浪一般的冲击。

管理者需要做的是了解他，这样才能留住他、运用他，并且成功地驾驭他！

管理者可以从以下几方面进行解决。

1. 了解专才

哪些人是专才？

为什么这些人会成为专才？

管理者需要了解这些员工成为专才的理由，通过对他们的行为模式进行观察，就可以轻而易举地找出专才到底是哪些人，并且能清楚他们到底为什么能够对企业做出贡献；此外，了解这些还有助于你对这些员工的工作表现进行评估，以便适时地给予其奖励，提高他们对公司的忠诚度。

这些专才到底是怎样形成的？事实上仅仅依靠累积经验解决问题是不够的，还需要经过一些特殊思考方式的训练，帮助他们克服所谓的推理限制。

通常，一般人在推理能力上有三方面的限制：

第一，注意力的限制。在一般情况下，人的记忆力可能会分散到几件不同的事情上。但当发生重大事情时，是不容许你分散注意力的。

第二，即时记忆能力的限制。在面临问题时，一般人通常会经由记忆区找出与现有问题相关的资讯或以往相似问题，从而寻求解决问题的方法。但是，即时记忆区的容量不是无穷的，而是有限的，如果将太多东西强行塞入到里面，反而会没有益处。

第三，长期记忆能力的限制。实际上如果对记忆不经常使用的话，那些多年来的记忆在最需要的时候，无论是怎么想都想不起来的。实际上大部分问题的解决，是需要依赖这些尘封已久的记忆的。所以，这是一项非常重要的能力。

为什么有些员工可以成为专才，就是因为他们对这三个限制能够一一克服。他们知道如何将那些无关紧要的信息忽略掉，只将注意力集中在某些重要的资讯上；他们对于大量的情报能够迅速地进行评估，能够快速地吸收，并且及时做出回应；他们有整合相关资讯的能力，而且对各类资讯的关联与互动的关系也非常熟悉。

2. 培养专才

这些专才之所以可以做到普通人做不到的，或许是因为他们常表现出敏锐的直觉反应。其实这种直觉也源自于他们平时累积的经验，当这些专才累积到一定经验的时候，就顺理成章地将原本需要的分析步骤进行了省略，直接产生直觉。

企业的主管可能凭直觉就能知道预算突然出现差异的原因，但是他还是需要遵循一定的分析步骤去对自己的直觉进行验证。所以，在实务上，专才知道只有把直觉辅以分析后，才会产生绩效。

对专才的特长进行了解，究竟对团队有什么帮助呢？未来，又要如何运用你所知道的这些呢？

首先，确定你的团队的功能有哪些，需要什么类型的专才；其次，写下团队中专才的名字，并注明何种特长促使他们绩效的增加。这时，你也许会感到一丝惊讶，因为那些与客户接触非常频繁的低阶员工，往往正是团队所需要的专才。

对于团队而言，培养员工的专业技能是相当重要的一件工作。但是，想要将专才的能力同样复制粘贴在其他员工身上，可能性是非常小的，因为这是一个非常费时费事的过程。尽管学徒制度已经实施了很多年，但是它并不是捷径，并且是无法完全将经验传递下去的。

3. 让专才各尽其职

对一些有在现有岗位上成为专才的想法的员工来说，团队中根深蒂固的"升迁→成功→报酬"制度，会给他们造成非常大的压力。如果一位员工在同一职位上工作很长时间，一直没有得到升迁的话，别人就会认为他前途无"亮"，时间一长，他会觉得做个失败者也是无所谓的事情了。尽管他想把现有的工作做得尽善尽美，但是报酬奖励措施压根儿不能肯定他的成就。此外，大部分员工对于一位老是从事同一职位的杰出员工也是无法认同的。

事实上，如果你能够专精于自己的工作，就不必担心自己没有成功的一天。管理者有责任支持并寻找扩大员工专才的方法，要让专才能够发挥其所长，管理者要提供一个能自由表达意见的环境。

所有企业都迫切需要在制度或者产品等方面进行创新。要培养创新能力，管理者就必须允许这些专才们执着于他们的岗位，因为他们有足够的知识、能力以及眼光来替企业认清并创造机会。

4. 给予这些专才薪资以外的奖励

事实上也许有些管理者会遇到上述案例中马总的情况，这时候管理者应该思考几下几点：①这位员工的薪资真需要涨吗？②这位员工的薪资水平在企业中以及在整个行业中处于什么样的水平？③除了薪资以外，是否需要对其进行其他奖励，以达到提高他对企业忠诚度的目的？

管理者需要对以上几个问题进行研究，对员工进行真正的了解和关心，这样也会使员工对企业以及你这个管理者产生依赖以及忠诚，双方才会一同发展，创造更多的收益。

实际上管理者首先要很高兴企业中有这样的专才，其次管理者要通过薪资以及奖励等措施提高这些员工的忠诚度，使其与企业一同发展下去，再次要对专才进行了解，才能更好地培养更多的专才，最后要让专才在公司各尽其能，使其能够将所有的心思放在工作上，为企业创造更多的利益。

夸夸其谈的面试者

山东青岛的郭总跟笔者聊起这样一个现象。在面试某些员工时，这些面试者侃侃而谈，在实际工作中的能力并没有多少，这让郭总很是不解。前阵子又招来一位这样的员工。

郭总经营了一家颇具规模的建材公司。在面试时，汉语言文学专业毕业的小黄展示出非常好的口才，理论不仅一套一套的，并且从他所学的专业到建材的营销，都侃侃而谈。郭总就录用了小黄，把他分配到公司的文案策划部门。

由于小黄能言善辩、口才极好，所以在公司里，同事送他一个外号——"博士"。小黄很受用这个称呼，在日常的工作中更是以"博士"自居。但是小黄做的文案可行性很小，这让郭总很是头疼，认为小黄并没有认真对待工作。

后来，公共关系部门需要一名沟通能力很强的人，郭总就把小黄抽调过去了。小黄倒是能说会道的，但一和别人沟通，就出现这样一种情况，他把客户当成自己的听众，直接把和客户的聊天变成了个人的"演讲"，所涉及的话题包罗万象，客户插话都插不上。有一次更是离谱，小黄说到得意之处，更直言不讳地说："你们这帮当老板的，就知道钱。不过这世道有钱的人就是大爷，只要能挣到钱，哪儿还管什么好事坏事，黑心事也是做得出来的。"客户听了小黄的话，什么也没说就直接走了，当然，这单生意也别想了，竹篮打水一场空。

郭总在了解情况后，直接就将小黄开除了。

夸夸其谈的人的特点如下：

1. 爱说大话

作为一名管理者，千万不要被他们夸夸其谈的外表给迷惑了。也许在面试的时候，会对他们产生这样的印象——他们头脑够灵活、社交够广泛，但是实际上他们只不过是一些纸上谈兵的人。

管理者需要的员工是在工作中能够脚踏实地、认真办事的人，并不需要会说大话的人。管理者在招选员工时，一定要以事实说话，不要因为他们的高谈阔论，就认为他们的能力很强，就把他们安排到重要的岗位上。很多事实都表明平日里领导高估的人，一旦遇到大事或者出现一些大问题，往往就会表现出意料之外的无能。

实际上管理者需要的是一个得力的员工，一个能够使企业获得发展的人，而并不是一个好听的收音机，因此除了要考察他的嘴巴之外，他的脑袋和双手的能力也要在管理者的考虑范围之内。

2. 自以为是

管理者在任用这种类型的员工时，一定要采取恰当的方式方法。

他们极度敏感和反感他人的批评。因此，管理者在面对他们犯错，想要给予指出的时候，一定要讲技巧。管理者可以考虑使用先扬后抑再扬、"三明治"式的批评方法。并且管理者在批评过程中，一定要注意用事实说话，用事实作论据。如果管理者只用一定的理论妄想去说服他们，那是不可能的，因为他们能言善辩，是辩论的行家里手。所以管理者需要摆出事实，用事实说话，告诉他们确实是他们错了。

管理者在对他们进行任务的分派时，可以分派一些具有一定难度的任务，让他们在事实面前低下高傲的头。实际上这种做法也能够促进他们进行自我提高。

一个成功的管理者应该帮助员工成长和发展，因此，管理者可以和他们交流，对他们进行成熟教育，使他们不断成长和完善自我。

3. 眼高手低

公司经营需要有整体规划以及战略思考，但更需要的是将这些构想付诸实施的执行能力。并且对于员工来说，执行能力是最根本的要求，一个合格的员工必须要将上级的决策落到实处。

眼高手低的员工必须要明白很多东西做起来比想的要难得多。无论从事什么职业，未来发展得如何，都必须要有执行能力。只有对一般工作都能认真执行的人，未来才可能走得更远，发展得更好。那些已经取得一定成就的人，大多数都是在简单的工作中和低微的职位上一步步走上来的。无论事情多么烦琐与细小，他们都能找到个人成长的支点，都能够获得成长，走向卓越。

我相信每一家公司里肩负要职的人，都是因为他们忠实地履行日常工作职责，才能被赋予更多的责任和权利。只有将工作做得比他人更正确、更完美、更专注，才有可能获得非凡的结果。

4. 分析多于行动

很多管理者认为只要任务布置下去了就算完事了，实际上是大错特错了。管理者一旦对员工放任自流，随他自主，就会发生很多问题。面对这些沉迷于分析的员工的时候，管理者除了要将工作任务分派下去，同时还要向他详细地说明完成这项工作的参数、标准、重点以及日程安排，使他对这项工作的结果有十分准确明晰的认识。

在这类员工着手开始做这项工作的时候，也不能放任不管，管理者要定期地、主动地和他进行沟通，对于工作的进度要时刻关注着。如果你发现他在细枝末节上耗费了很长的时间，这时候你也不要以强硬的态度批评他，而是要旁敲侧击地引导他，让他自己发现这个问题。为什么不能直接指出来呢？因为你这样做的后果就是他会花费更长的时间来和你辩论他这样做的原因。

但是如果你发现他的项目进行得很顺利，那么也不要吝啬你的赞美。管理者要及时地给予他表扬，他需要认同和鼓励。

应对夸夸其谈的面试者的解决方法如下：

1. 用事实说话

上面我们讨论了夸夸其谈这种类型的人的一些特点，那管理者是不是感觉对于这种员工无计可施了，只能开除处理了呢？实际上并不是，在管理夸夸其谈型员工时，就应该用事实说话。

他们的理论都是一套一套的，是极具辩论能力的一群人，如果管理者因为他们的侃侃而谈就委以重任或者许之高位的话，那么这个团队或者公司就会立即出现问题。所谓"事实胜于雄辩""说得好不如做得好"，到底有没有实力只有在实践中才能得到证明。所以管理者要用事实来考验他们的能力，让他们在实践中成长。

管理者一定要义正辞严地批评他们的错误。反之，他们就会毫不在乎。

此外，管理者也要认识到这类人也是具有一定能力的。一个成功的管理者要让员工都能人尽其才，发挥出自己最大的潜力，从而使他们获得成长，引导他们完成自我超越。

2. 让他们从小事做起

管理者要让他们明白工作中是没有小事的，在实际的工作中仅仅只靠理想也是不行的，如果没有任何实际行动只会在原地踏步。实际上无论在工作中还是在生活中，都应该明白做的话不一定能成功，但是不做的话一定不会成功。在工作中的每一件事，无论这件事是大是小，都应该认真地去对待，用心地去做，特别是那些小事，更应该如此。

3. 帮助他们建立自信心

管理者在这些员工将一项工作做好时，应该毫不吝啬地给予夸奖，让他们更有自信心。

尽管从表面上看夸夸其谈的人很主动，事实上他们有过度的自我认知心理。他们的成就动机以及执行能力会有一定的落差，而这个落差会导致他们对行动的恐惧，在心理学中称之为行动"近视症"——害怕失败后的耻辱，于是就会选择干脆不行动，但是不行动的话好像又更加耻辱，于是进入了自我防御模式，害怕受到他人批评，所以批评别人。

实际上夸夸其谈的人自信心并不高，因为在现实生活中并没有累积到一定的能力，所以自我认知就开始失调，对于现状表现出不满。这类人不愿去做低层次的工作，但这不表示他们能够做得好，反而可能做不好。是因为在他们的意识中觉得低层次的工作太简单了，就可以不用去准备。这就形成了一种现象——大家认为他做不好，所以并不信任他。可是他觉得"我不应该做这些，你们这些人怎么还硬要我来做，真是屈才"，使得他们与同事之间的关系也越来越紧张。

事实上这些人只注重结果，并不注重过程，但是重视结果的结果就是他们并不能在过程中证明自己的能力，也就不能累积自己的资源。所以，他们就更没有自信了。

管理者在面对这类人的时候，就应该激发他们将自己潜在的能力表现出来，让他们用能力来证明自己，建立自信，通过能力证明自己，比用语言的说服力更强。

一方面，管理者可以让他们证明自己的能力和自我形象的差距并不大，如果还是不行，那就可以降低标准，让他能做到。只有做到了才能有自信。另一方面，管理者还要让他们学会自我反思。可以自问这些话，例如，"这是我的表现吗？""我喜欢这样吗？""我可以做得更好吗？"……这样做的好处是使他们越来越清楚自己的自我形象，这样就会从实际出发看问题了。

4. 要他们学会不怨天尤人

喜欢怨天尤人也是这类人的一个特点。管理者要让他们明白给他们的任务和工作是为了培养他们，让他们成长，并不是刻意地压抑他们，更不能将失败的原因归咎于环境，而是需要反省自我，并向他人请教。你要让他们明白自己能力的不足以及心态的缺失。要明白"卑微的工作也有高傲的自尊"。

5. 要帮助他们树立正确的工作观

管理者应该帮助夸夸其谈的人树立正确的工作观。但是怎么做呢？可以通过给他们一些简单的任务，让他们凭借自己的能力把这件事情做到最好。因为这些人的语言能力很强，说的一般都会比做得好，所以要让他们意识到行动的重要性。

无论在生活中还是职场中，我们都不愿意和这些人打交道，因为他们说的永远比做得好，且认为自己的能力很强。但是管理者在面对这类员工的时候，更应该采取一定的措施，要通过事实让他们意识到自己的错误，可以让他们从小事做起，在实践中建立起自信心，要让他们学会自我反省，而不是一旦失败就找借口，怨天尤人，管理者要帮助他们树立正确的工作观。其实管理者的这种做法不仅有助于员工个人获得成长，也有助于企业获得发展。

挑拨离间型的员工

浙江嘉兴的马总说他公司前阵子招来几位新同事，其中一位叫小时的员工总是生事。他对马总当众表扬和他一起入职的小陆一事颇感不满，他认为自己比小陆对工作更投入，贡献更多。其实马总心里和明镜似的：他对部门根本没什么贡献可言，并且适应工作花费的时间比其他人都要长。马总请小时列举自己做出的贡献事例，小时支支吾吾、顾左右而言他。

一波未平，一波又起。马总私下了解到一件事，小时由于非常不满意他的处理方式，且小时和小陆私下关系也非常不错，小时就挑拨小陆，诱使小陆一同来反抗他。马总了解这件事情后，对小时越来越失望，同时也认识到小时就是一根"搅屎棍"。

马总和笔者说的时候，比较烦恼，不知道现在应该怎么处理这件事情。笔者就和他说："其实这时候，你最应该做的就是以不变应万变，静观其变。"马总问："为什么？"笔者说："因为，在这个时候，小陆也许已经附和小时了，也许对小时置之不理，如果你找小陆谈，气氛一定很尴尬，而且有些话并不好问。要把小时叫来谈，小时则可能完全矢口否认。"

其实，这件事只是有些苗头，马总不能轻举妄动，不能问小时关于挑拨离间的事，也不能和小陆谈小时挑拨离间的事。马总应该等小时露出真面目，然后抓住证据，清除这类人。

挑拨离间型的人的特点如下：

挑拨离间型的人为了达到他们的目的，采取的手段大多是告密。他们通过这种方式让其他人觉得他们是"朋友""知己"，然后利用这种"特别亲近的关系"以及人们之间已经产生的摩擦和矛盾以达到挑拨的目的。被离间者的利益是绝对会受损的，因为离间者只会让被离间者在表面上知情，事实上并不会让他们知根知底。因此，挑拨离间型的人在实际交往中所形成的各种关系都是为了达到离间的载体和基础。挑拨离间型的人为了能够达到离间的目的，就必须获得被离间人的信任，发生一定的关系。如果没有发生这些关系，没有获得被离间者的信任，再高明的挑拨也达不到离间的目的。

因此，在工作中一旦有人突然特意地接近你，那么你就要当心了，也许他正打算在你身上实施他的离间术呢。

另外还有一点需要知道的是，挑拨离间型的人花费大量时间和精力挑拨人，制造一些事端，是由于挑拨离间型的人基本上都会有自己不可告人的事情在里面。如果与他们没有任何的利益关系，他们绝对不会花那么多时间和精力。因此，如果你身边的某个人告诉你谁在背后说你的坏话，那么你要静下心来，仔细分析引发冲突的制造者的利益得失，这样做的好处是可以使你认识挑拨离间者的真正面目。

只有对这种类型的人予以认识，才能解决。

挑拨离间型的员工经常人、事不分，因此，在对这些人进行批评时，一定要注意准确性。

其实无论任何人，只要受批评，都会产生一些抵触和逆反心理，因此管理者要把握批评的度，根据每个人的心理特征，采用不同的方法。最好的批评其实是点到为止、适可而止。管理者不要在会议等公开场合上，对员工劈头盖脸地进行猛烈的批评，使被批评的人在众人面前丢尽脸面，抬不起头，这会严重损伤员工的自尊心。

另外，在对员工进行批评时还要注意一个方面，就是无论批评的时间和长度都必须始终围绕一个主题，不能没有重点，将这个员工身上的缺点全部都说一通。即使这个错误和过去的错误一样，也不要把它们生硬地联系起来，因为那样会使人搞不清楚你批评的到底是哪一个错误。另外，在进行批评时，一定要实事求是，既不能夸大，也不要缩小，特别是在斟词酌句时，绝不要采用"怎么老是""一直"等极端绝对的字眼，也不要使用那种表面上看似幽默实际上则是尖刻的措辞。要时时注意掌握员工的心理承受能力，以防止对方心理失衡。

挑拨离间型的问题员工非常容易混淆人与事，因此，管理者在批评时，一定要注意批评只是针对某件事，而并非针对的是人。

有些管理者在碰到类似这种情况时，会立马采取行动，想要证实自己了解到的这个苗头是真是假。实际上，管理者在知道这个苗头后应该静下心来想一想：一是要思考这个"搅屎棍"对其他人的影响力有多大？二是作为管理者，你自身是否真的有可以令人挑拨的事情？三是被挑拨的人，是不是就会轻易地被挑拨成功？

管理者在遇到这样的人教唆其他员工一起反对你时，首先一定要做到冷静，保持头脑的清醒，然后揪出始作俑者，清除出公司。

此外，管理者在听到有人说自己坏话、肆意贬低自己的事情时，要控制住自己的情绪，让头脑冷静下来。你可以回答："是吗？让他们去说好了。"也可以这样说："谢谢你告诉我这个消息，请放心，我是不会和他们一般见识的。"这样的回答会让对方感到没空子可钻，也就不会再来纠缠了。

管理这类人很难，并且在很多职场中确实存在着这类人。作为管理者要面对他们，更得管理好他们。因为这类人的伤害力非常大，如果管理者没有妥善地处理好，就会对企业造成一定的伤害。管理者要防微杜渐，禁止这类人进入团队。如果发现企业有这类人，要立即清除。

挑选助理的事可大可小

安徽芜湖的李总说近年来自己的企业取得了不断的发展，需要自己处理的事情也越来越多，所以就招了一个助理小冯。但是这个助理小冯不但能力不高，还有些小脾气。

上一周由于李总的业务比较繁忙，并且处理得都不太顺利，所以难免有些闹心，而面对一向冒冒失失的小冯，李总在这时候也不淡定了，就大声地批评了小冯几句。小冯不仅没有听进去，还嘀咕李总是因为工作处理得不顺利，将脾气发在他身上，因此产生了不满情绪。

助理是何许人也？

在员工的眼中，助理就是指在企业老板身边工作的人，与老板的关系也是企业中最为密切的。助理对管理者的决策、用人及其他方面的看法都会有着重要的影响，并且在许多时候这种影响都起着决定性的作用，所以助理在企业中也是一个很了不起的人物。

在助理的眼中，与老板保持的关系一直是非常密切的，有这个便利条件，可以说近水楼台先得月，只要将自己的工作完成好，加薪升职也是指日可待的事情。

在老板的眼中，是这样看待身边的助理的：尽管也清楚助理的工作非常庞杂以及烦琐，但是还有些地方需要改进。尤其是在一些工作棘手、不顺利的情况下，回来只能把气撒在身边的助理身上，指责他们英语不过关、管理方面的能力也没有等，从而将助理的长处忽略了，结果导致自己的心情更加郁闷与烦躁，老板的这种行为同时也令助理很烦恼。助理也不知道自己究竟错在哪里，就不停地进行检讨，还要处处小心谨慎。时间一长，本身具有的创新能力也逐渐地隐藏起来了，管理者就会认为这个助理的能力真的有问题，如此恶性循环，最终导致双方不欢而散。

作为一名管理者，可以从以下几方面处理好与助理的关系：

1. 要重视与助理的关系

中国有句俗话叫作"一个篱笆三个桩，一个好汉三个帮"。企业管理者对自己的助理用得如何，会对决策的有效性造成直接的影响，包括管理者个人的人际关系，甚至对企业的发展都会造成一定的影响，所以，企业管理者要重视发展与助理的关系，这一行为对任何一个管理者来说都十分重要。

2. 要大度但不糊涂

作为管理者的你要心胸宽广，要学会虚怀若谷，要做到"宰相肚里能撑船"，能容得下闲言碎语。

管理者不要觉得他是你的助理，自己就高他一等。对于有些工作，管理者也需要向助理真诚地讨教，把他看成推动自己工作的得力参谋。在日常的工作中，管理者对于助理的意见要主动予以征询，对于助理提出的问题也要认真予以考虑。

此外，管理者还要做到充分地相信助理，对一些已经交给助理做的工作就要充分相信他，不要因为听到一些风吹草动或鸡毛蒜皮的事就怀疑助理，这样的结果只会产生内耗，对工作造成不利影响。在工作上要大胆支持助理，并给予其真诚而又热心的帮助。当助理工作出现失误时，管理者千万不要当"事后诸葛亮"或"评论员"，而要像严师益友一般。

3. 放手但不撒手

公司的各项工作共同形成了一个有机联系的整体，管理者需要和助理通力合作，共同完成一些工作。《韩非子·外储说右下》中有这样一句话：善张网者引其纲。这句话是什么意思呢？大致意思就是成功的管理者要善于用助理，善于抓重点。对于以下两点要切忌：①切忌一出问题就对其指手画脚；②切忌一出现问题就横插一脚。要让助理发挥其自己的才能，给予其工作的余地与空间，放手让他自己去干。

但是，成功的管理者就如同渔民网鱼一样，放手但不撒手，要亲自过问一些重点以及关键的问题，主持实施，这也是必不可少的。

4. 掌权但不揽权

同样都是企业的管理者，有些管理者每天忙得团团转，有些管理者却乐得轻闲，时常泡咖啡屋，这是为什么呢？

因为有的管理者将工作分给了助理。在给他们授权的范围内有完全的决定权以及处置权，即使不太恰当，也不推倒重来，这样的管理者当然就和"没事"似的。而有些管理者为什么整天忙得团团转呢，是因为总是不放心助理的工作，从早到晚操心各种工作，忙得不可开交，这样的管理者就如同一个整装待发的消防队长，而四处都是"火警"，导致他如同一个无头苍蝇一样，乱撞乱碰。

管理者应如何对待你的助理，使他成为你得力的左膀右臂呢？管理者要做到以下几点：①在工作中，助理是你最好的朋友。②要真正信任你的助理，这是对你的基本要求。③用人不疑，对待助理要大胆地授权。④把握关键，统筹全局。

道德素养比能力更重要

安徽安庆的万总跟笔者聊天时说了他的一次经历，是这样的：

一个应聘者跟万总说："万总，我之前在××公司工作，也是同行企业。如果我进入了咱们公司，我将会给公司带来 1000 多万元的业绩。"

1000 万元，并不是一个小数字。万总就问他："你这 1000 多万元是怎么来的呢？"

他说："这些都是我的老客户，由于是我长期服务这些客户，他们下一步要做这些广告业务，这些业务我很有把握带过来。"

这句话一下子让万总警觉了。

"你怎么这么有把握把这些客户带过来呢？"万总就问他："客户是跟你合作

还是跟公司合作？"

他回答说："他们是和公司合作，但是这些客户只认我，对于公司他们是不会认的。"

万总就接着问他："为什么只认你不认公司呢？"

他答道："因为从一开始就是我在服务他们，所有的一切都是我在服务他们，包括沟通、对接等。公司里基本上没有其他员工和他们合作，也没有人知道他们，甚至对他们没什么了解。客户对公司实际上也并没有什么依赖，他们基本上都是听我的。"

万总问他："你是从什么时候开始考虑过客户会跟着你？"

他说："很长一段时间了吧。"

万总马上就意识到：这个人处心积虑那么长时间，不用也罢。这种人是十分危险的，如果他今天来到这里说"我可以带来 1000 多万元的业绩"。你为了企业的发展，为了业务，为了订单，当然觉得这是一件求之不得的好事。但是，有没有想过可能过一段时间，他又跑到另外一家公司，告诉人家"我可以给你带来 2000 万元的业绩"。这是不是引狼入室呢？这是不是养虎为患呢？这 2000 万元是从哪里来的？是从你公司这里来的，他不可能独自产生业务。

其实，万总的这个经历很多人都遇到过，也是一个比较普遍的现象，但是你遇到这种情况的时候，会录用这种员工吗？

实际上，道德素养比能力更重要。

对一个管理者来讲，首要考察的就是员工的道德素养。如果一个人很符合职位要求，工作能力很强，但是道德素养很低，也是不能招进企业的。这样的人，不仅自己道德素养低下，还有可能会带坏其他员工，反而成了公司的一颗毒瘤，这样弊大于利；招来的如果是为了达到一己私欲而不择手段的人，等到他转过头来一剑封喉，指向的一定是你。

我们在一开始选拔员工的时候，就应该考虑到员工的道德准则。

在历史的长河中其实有很多识人用人的例子，如诸葛亮识人、曹操用司马懿等，下面来简单说一下齐桓公和管仲的识人用人。

早年齐桓公对管仲很是重用，也取得了很大的成就，因此齐桓公被誉为春秋五霸之首。然而，当齐桓公到了晚年的时候，却由于宠信三个奸臣，最终祸起萧墙。

这三个人分别是易牙、开方和竖刁。

有一天，齐桓公说："天下的山珍海味应有尽有，可以说全都尝遍了，唯有人肉没有吃过，不知道味道怎么样。"为了拍齐桓公的马屁，讨好他，易牙制作了一道菜献给了齐桓公。齐桓公尝了之后，对这道菜大加赞赏，就询问是什么菜。易牙就说这是自己儿子的肉，齐桓公听了内心很不是滋味，也很不舒服，但觉得易牙能把自己的儿子杀了献给自己，那忠心是不用说的。齐桓公很感动，自此重用易牙。

开方原来是卫国的公子，但不顾自己的家国，千里迢迢地来侍奉齐桓公。开方的这一行为让齐桓公很是感动，便也因此重用开方。

竖刁出身贫苦，为了改变命运，便阉割了自己，来侍奉齐桓公。齐桓公也因此宠信竖刁。

管仲病重的时候，齐桓公前去探望，并就相位的后继人选这件事向管仲进行询问，当然也涉及了易牙等三人，管仲对这三人就说道："易牙连自己的儿子都能杀掉，那是他的亲生骨肉，他都可以杀，可以说是人性全无，这完全背离了人类最基本的道德原则；开方不仅舍弃了做一国太子的机会，去离家国15年，甚至连自己的父亲去世了都不奔丧，这样无情无义的人，是千万不能留用的；竖刁连自己的身体都不爱惜，是违反人情的，这样的人又怎么能真心忠于您呢？请国君务必远离这三个人，不然国家必乱。"

齐桓公听了管仲的话，驱逐了这三个人，但自此夜不能寐、食不知味，没过多久就又将他们召了回来，并委以重任。

齐桓公在位四十三年时，易牙、开方以及竖刁勾结几个公子，内斗争位。在齐桓公病重昏迷之际，不仅带人将齐桓公的寝宫封堵，还断绝了食粮，宫里除了饥肠辘辘的齐桓公躺在床上奄奄一息，其他人都跑光了。

有个妇人从洞里爬进宫来，齐桓公就问她要东西吃，但妇人在宫里连滴水都没找到。齐桓公就问道："为什么连一点儿吃的都没有了？"妇人回答道："易牙等人作乱，不仅将宫门封堵了，还筑起了高墙，道路已经好几天不通了，人都不能进来，还怎么会有吃的呢?"

齐桓公听了，惊呆了，过了很久才自言自语说："还是管仲慧眼识人，有远见，他在下面如果知道了这件事，我哪儿还有脸面去见他?"齐桓公泪如雨下，后悔自己当初怎么不听管仲的话，轻信了这三个道德败坏的奸臣，才落到这个下场。

齐桓公病痛缠身，再加上痛心疾首，很多天没有吃东西，用衣服盖住头，哭了一阵子，就死在寝宫里了。易牙等人早已不见踪影，早就忙着争权夺利去了。直到死后的第67天，齐桓公腐尸上的蛆虫爬出宫外，才被人发现。

在用人时，齐桓公忽略了对人的本性的考察，这个本性就是做人的原则，是基本的道德标准。

那管理者应如何处理这些问题呢?

1. 在面试时就把好关

面试官在对求职者进行面试时，不仅需要询问求职者关于岗位的能力等相关技能，更应该细心观察，通过求职者的言行举止等，对求职者有更深入的了解和认识。对求职者的起心动念等进行辨别，选择真正符合企业要求的员工。

所谓言为心声，从一个人言语谈吐的表现，可以判断出这个人心胸的宽窄、志向的大小。可以通过深入交谈，了解求职者的心声，观察其是否在讲官话、假话、大话。

2. 马云说"天下没有人能挖走我的团队"

在中国不缺少做创投的人，也不缺少创业的思想和方法，缺乏的是一个团队。建立起良好的团队，阿里巴巴对自己的团队十分自豪。马云曾说："我最骄傲的是我们的人，其次是我们的投资者，最不骄傲的是我们的网站。"

创业的最初几年，基本上没有员工提出要跳槽去其他公司发展。事实上有公司愿意出3倍的工资来挖阿里巴巴的员工，但是这些员工不为所动。马云还风趣地说："同志们，3倍我看就算了，如果5倍还可以考虑一下。"

"天下没有人能挖走我的团队。"正是基于阿里巴巴牢不可破的企业文化，马云说："这样的文化形成的时候，人就很难被挖走了。这就像在一个空气很新鲜的土地上生存的人，你突然把他放在一个污浊的空气里面，工资再高，他过两天还是会跑回来。"

尽管在阿里巴巴换岗换位犹如走马灯，变换频繁，但阿里人都会以大局为重。这些人的这些行为没有团队文化的支撑是做不到的。

阿里巴巴公司里的每一位销售人员都是从零开始做起。筚路蓝缕，艰苦卓绝，勤勤恳恳，花费了时间和精力熟悉了一切，客户有了，人脉有了，资源有了，队伍有了，工作上手了，但很快将你调到一个新区域，一块没有开垦过的处女地，一切又都要从头开始，有的举家迁移，有的撇家舍业，但他们毫无怨言，这就是团队文化的力量。

3. 让企业文化渗透到每一位员工心中

实际上，对于前面案例中万总遇到的应聘者，是应该拒绝在企业大门之外的，但是如果进入到企业内，这样的人难免会鼓动其他的员工，动摇其他员工的心。实际上，如果一个企业的企业文化并没有渗透到每一位员工心中，让每一位员工自愿与企业共进退的话，那么这个员工到时带走的可能不仅是公司的客户资源，还有可能带走公司的人力资源，后者比前者对企业造成的伤害更为严重。

此外，企业也应对员工进行一些道德教育培训，打造一支高素质的团队。

总体而言，企业在进行人员招聘时要慎重选择求职者，通过面试对求职者做到一些最基本的了解。面试官在进行面试的时候应该火眼金睛辨别出不同的人才类型，如果发现这个人虽然能力很高，但是道德素质低下，也是绝不能让其进入企业的。此外，企业管理者还须积极地对员工进行企业文化以及道德素养培训，塑造一支高素质的队伍，使企业取得更好的发展。

争强好胜型员工的两面性

河北石家庄的时总对笔者说："公司最近来了一个员工小洪，太争强好胜了，不要说其他员工了，就连我，也直接怼！"笔者听到王总说的话，挺感兴趣，问道："直接怼你，怎么说？"时总说："这个员工的工作能力挺强，也挺有才华的，就是有点自命不凡，总觉得自己高人一等，无论是其他员工还是我，说的问题他都要反驳，给大家的感觉就是他有点恃才傲物、盛气凌人，但是不得不承认的是他指出的问题的确很有针对性！但是总感觉他太不会做人了。每个季度公司都会举办一次总结大会，对这个季度工作中出现的问题进行总结。小洪不仅当着全体员工的面，批评我制定的方案是有问题的，还提出了一些解决办法。不得不承认他提出的观点是有可取之处的，但毕竟我是领导，他是员工，真是不给我面子，你说我的面子往哪儿放！"

管理者要认识到以下几方面的问题：

1. 争强好胜的两面性

凡事都有两面性。如果你的下属中有些员工是争强好胜的性格，一方面，他们往往有着自己独立的个性以及非凡的才能，在某些工作上可能也不会事先征求你的意见。另一方面，你不得不承认他们的确有才干，提出的意见或者给出的方案确实很有针对性。身为一名成功的管理者，你不能要求每一位员工都十全十美，工作质量优良，办事效率一流，能提出有创意又能实行的计划，当然这也不是你要求就可以做到的。因此，管理者在面对争强好胜的员工的时候，不要用和他一样的强势态度，不能想着"以其人之道，还治其人之身"，而要从正面对他们进行引导，肯定他们积极的一面，并为他们创造条件，使其人尽其力，发挥出他们的才能，从而实现企业的发展。此外，管理者也要在恰当的时机指出他们争强好胜的消极影响，以帮助他们克服自身的问题，从而不断完善自己。事实上，你要做的是帮助他们改正缺点，并就他们的特长及个性趋向尽量给予发挥的机会。

2. 需要高超的管理水平

"和为贵"是中国人一向倡导的，实际上管理者也可以同样在职场中运用这一管理理念。身为一名管理者必须要做到求大同、存小异，做到顾全大局。此外，管理者也要学会在某些方面做一些必要的让步。

但是，有些争强好胜型的员工并不领管理者的退让之情，反而认为是因为自己的能耐大，才使管理者不得不退让，进而变本加厉地不尊重别人、轻视别人。管理者在面对这样的员工时，一定不要一味地迁就他们，而应该在适当的时机、用适当的方式对他们的傲气进行打击，让他们知道天外有天、人外有人。

在面对争强好胜型的员工时，管理者要做到：

1. 心平气和

每一位管理者都应该做到宰相肚里能撑船，做到能容忍他人，而不是遇到这种情况就愤怒了。身为一名管理者，在工作中必然会碰到各种问题以及各种各样的员工，因此面对争强好胜型的员工也一定要心平气和。

2. 要自信并承认自己的不足

管理者在面对这类员工时，也需要充满自信。争强好胜型的员工往往比较爱表现自己，他们总是以自己的优点示人，所以在一定程度上对管理者也会造成心理压力。当然管理者也要明白的一点是也许他们在某些方面确实比你高明，但是既然你是他的领导，自然有比他强的方面，例如管理能力方面，所以在这些员工面前不必自卑。此外，管理者对于自己的不足，也要勇于承认，在必要的时候予以改正和学习，这样就会使那些争强好胜型的员工找不到针对你的借口。

3. 分析员工如此表现的缘由

管理者要分析下属为什么要这么表现，他们的真实用意是什么。一般情况下，员工往往在怀才不遇的情况下才会表现出争强好胜。如果事实情况确实如此，管理者就需要为员工提供实现自我的平台和空间。管理者可以分析这些员工的具体情况，并给他们分配一些比较重要的任务，让他们感觉到一点点工作的压力。

4. 保全他们的面子

争强好胜的人都比较爱面子，因此对于他们来说面子问题是大问题。管理者在任何情况下都要考虑这些员工的面子，不要让他们觉得自己没面子。例如，在批评他们时要单独进行等。

有的管理者为了警戒众人，敲山震虎，总会采取"杀鸡给猴看"的批评方式，但这并不一定就能取得你想要的效果。例如，杀鸡给猴看，猴子不看的话该怎么办呢？总不能连猴子也一起杀掉了事吧。

人的思想是非常复杂的，仅仅依靠一些简单的威吓和批评，并不能很好地就可以把问题解决了。每一个人都会有自尊心，如果在众人面前受到批评，其内心自然会产生一定的屈辱感，从而产生愤愤不平之心。管理者本来是想要在场的其他员工从中受到教育，结果事与愿违。对于在场的其他员工来说，有一部分人会对被批评者给予同情，有一部分人要从中评头论足，还有一部分人认为与己无关将这种批评视为耳旁风，这些都不是管理者想要的结果。

对于这种类型的员工，管理者千万不能当着所有员工的面使他威风扫地，而要在没有第三者在场时对其进行一对一的批评，不仅要批评这些员工对问题的认识程度，还要批评这些员工的内心思想根源。如果管理者认为单刀直入地批评可能会招致这些员工的反感，可以选择和他离开工作场所，耐心倾听他们的想法，然后再提出自己的规劝。

5. 诚心引导，使其谦逊谨慎

管理者要相信这些争强好胜型的员工这么做的原因就是想表现得更好，他们的内心极其渴望他人的肯定与认同。因此管理者可以在恰当的时机，真诚地赞扬他的长处和他的优势，并表达自己想帮助他们达成目标的心愿。一场深入内心的谈话不仅可以将你们之间的矛盾化解，还可以改变他对你的态度。

管理者也要认识到争强好胜型员工的优点。对于团队的成长来说，这种类型的员工是有好处的，他们爱表现，所以他们在工作上会追求精益求精。此外，在与他们共同从事的工作上，如果你能够紧跟他们的工作节奏，与他们同步，这将有利于你形成人格魅力，对整个团队效率的提升也是一个不小的激励。因此，不能在与他们交流之前就产生负面情绪，应该以一种开放的心态来真诚地帮助他们，使他们进步。

很多管理者都会遇到争强好胜型的员工，这些员工不仅爱表现自己，甚至有时会直接针对管理者给出的方案等。管理者在面对这类员工时，首先应该做到心平气和，也要认识到自己的不足；其次要分析他们这么做的原因究竟是为了什么；再次要保全这类员工的面子，因为争强好胜型的员工都比较重视面子；最后管理者要诚心地引导他们，使他们谦逊谨慎。

职场"回头草"的价值

甘肃兰州的王总跟笔者说起这样一件事。王总前几天偶然遇到了以前的一名下属小蒋，而小蒋也向王总说出了心里话：小蒋最近很是闹心，原因是到了新公司，和自己想象的样子并不一样，连薪资都比当初谈的时候少了一些，这让他很不能接受。本来跳槽是为了能有更好的发展，结果还不如以前，现在想想以前的公司真不错。实际上以前王总对小蒋很是重用，在小蒋递交辞呈后，王总找了他好几次，目的就是挽留他。尽管小蒋决心要走，王总还是对他说："到了新公司发展不好的话，公司还是欢迎你的，希望你能回来。"

实际上，小蒋也想到了王总的话，只是除了碍于面子之外，还有一些原因，让他犹豫是否重新回王总的公司，例如："公司的人会不会嘲笑我吃'回头草'？""王总还会重用我吗？""会不会因此怀疑我，不再信任我？""最主要的是，我开了这个口，王总就会像他说的一样会重新让我进公司吗？"

如果你是王总，你会如何处理这件事情呢？对小蒋会做出怎样的处理呢？

作为管理者的你怎样看待"回头草"？

现在将以前离职又重新回到企业的员工叫作"回头草"。事实上很多员工在向上司提出离职后，上司一般都会挽留，当然除了那些有特殊情况的。例如，家里出了急事，需要长时间处理；员工个人品质不高以及能力并不是此岗位需要的；等等。此外，除了那些由于一己私利出卖公司利益的员工外，很多管理者都是希望离开的员工能够选择重新回到公司的，因为这也说明公司还是有明显的优势的，比其他的公司更有竞争力。

但是也有一些管理者的想法并非如此，如"你都离开了公司，就是叛徒""你已经不是我们公司的人了""你还好意思回来啊"，实际上这样的管理者，只能说心胸太狭隘了。俗话说"买卖不成仁义在"，如果仅仅因为员工离开了公司，就对他另眼相看，甚至老死不相往来，只能说这样的管理者是赢得不了人心的。

此外，你还要了解员工离职的原因究竟是什么。

员工离职的原因有很多，下面就对这些因素进行简单的介绍。

第一，离职是为了更好的发展。大多数员工的离职原因就是为了能够取得更好的发展。如果有更好的公司、更好的发展机会向你的员工伸出了橄榄枝，那么你的员工提出离职也是可以理解的，毕竟"人往高处走，水往低处流"，管理者也要理解，不能强求。

第二，受到上司的不公平待遇。很多企业和团队的人际关系非常复杂，有些员工可能就受到上司的不公平对待，不仅让员工感到工作不顺心，甚至让员工看不到发展的空间，于是就可能会离职。

第三，企业文化氛围不好。实际上，好的企业文化能够让员工自由地发展，让员工投入更多的热情，更加积极地工作。但是如果一个企业的文化氛围不好，不仅会抑制员工的工作积极性，反而还要花很多时间和精力处理其他的事情，对工作不但没有任何的帮助反而有弊，这也会造成员工的离职。

第四，企业的愿景不明晰。很多员工在公司工作了很长一段时间后，公司并没有打造很明确清晰的发展愿景，造成的后果就是员工看不到希望，看不到晋升的方向，那就失去了工作的目标和动力，这也会导致员工提出离职。

第五，对自身工作的开展并没有规划和方向。很多员工，特别是一些刚入职场的新人，对自己今后的发展方向并不明确，处于一种比较迷茫的状态，因此也会提出离职。笔者曾经遇到这样一位中层管理者，说起他进入职场的经历。他在一家投资公司上班，工作岗位属于后台管理，他看到公司的很多销售员，尽管年龄很小，但是每个月的薪资好几万元，有的甚至是十几二十万元，因为那两年这个行业非常景气，他看到别人拿那么多钱，眼红了，也想试试。但是觉得如果干得不好，会不会招来原岗位同事的笑话，会不会回不到原岗位，但他最终还是提出了离职，进入其他投资公司的销售岗位。

事实上，使员工提出离职的因素有很多，在此就不再一一列举，而管理者需要做的是对这些因素进行分析，降低员工的离职率。

同时，你要意识到吃"回头草"的员工更了解企业。

实际上那些曾经在企业中工作过的员工再回到企业是很有价值的。这类人对于你的企业及内部文化已经很了解，所以可以大幅度地削减熟悉企业的开支和时间成本。他们带着新的经验以及技能回来，管理者应该感谢他们的新雇主为他们提供了有价值的培训和发展机会（这些都不需要你来付费）。这些回来的员工还有助于其他员工建立对企业的信心：你的企业是值得所有员工努力以及尽忠的。

作为管理者的你，该怎么解决回头草型的员工呢？

1. 审视员工，判断是否允许其吃回头草

实际上这一步是需要管理者认真思考的，因为管理者也要考虑这个人是否能够重新回到公司？回到公司后会不会再走？所以什么样的离职员工允许其吃回头草呢？

笔者总结了以下几个方面：

第一，能力够强。首先要看这个人在人才市场的招聘容易度怎样，这个人的可替代性如何。如果在人才市场不容易招到这样的人才，那在他离职时以及离职后，管理者都要密切关注他的动态，定期和他保持联系，并在适当的时机向他抛出橄榄枝。

第二，他离开的原因是什么。例如，当初离开公司只是因为个人想谋求发展、想去外面看看能不能找到更好的公司，而并不是因为犯了错误，与公司结了仇。如果这个人犯了错误，一定受到过公司的批评，若因为这个原因就离开公司，一般会对公司的人或事心存芥蒂，如果回来，相处不好就成了定时炸弹。

第三，要踏实。如果这个人比较踏实，那一般回来了就不会再生离职的心。而如果这个人的心很大很野的话，最终他还是会走的。

实际上管理者应该乐于看到离职的员工再次向公司求职，因为这样的离职员工回归，老板是很幸福的：①他的能力很强；②他认同公司；③他见识过外面的世界，知道外面的无奈与原公司的好，会更加踏实。

2. 敞开公司的大门

好的管理者在发现挽留不住员工的时候，会提出如果发展得不好，公司还是希望你能回来的。如果一名员工表明他愿意重新回到公司，不仅说明公司是有优势的，还说明了这名员工对原公司的肯定。如果这名员工重新回到原公司，基本上会抱着感恩的态度，感谢公司再一次接纳他，对待管理者也会心怀感恩，对企业也会比之前更加忠心。管理者何乐而不为呢？

3. 提高回头员工的待遇

事实上，尽管一些员工离职了一段时间后再回到这个公司的岗位，他还是会比一些新人更加熟悉业务和岗位工作内容与职责，因此管理者需要提高他的待遇，如给他更高的薪资、晋升他的职位，因为这些做法可以激励他更加积极地工作，为公司获取更大的利益。一位肯回头的员工，在重新选择这个公司的时候，也是经历了很大的心理斗争才做出这一决定的，他肯定会抱着更加积极的态度和激情进入工作。

此外，管理者的这一做法，也有助于企业形象和管理者形象的树立，不仅能很好地笼络人心，还能有助于招贤纳士，让公司拥有更多的人才。

当一些员工在新公司新岗位遇到一些困难，或者发现并不像当初想象的那样时，就会对之前的公司和岗位再次心动，可能会选择重新回到之前的公司。管理者首先要审视这名员工，是否能够允许他回到公司，如果可以的话，就应该怀有一颗宽容之心，敞开公司的大门，欢迎他回来。

管理者也需要反思的一个问题就是员工离职的原因是什么，虽然说影响员工离职的因素很多，但是总是有一些主要因素，这些主要因素是员工自身的原因还是公司的原因，如果是公司的原因，就需要管理者进行反思，采取措施降低员工的离职率。

此外，还有一点需要管理者注意，就是那些道德败坏的、损害过公司利益的员工，是不能让他再次回到公司的。

专业不等于专用

北京王总的企业这两年发展得非常迅速，为了满足公司发展的需要，王总决定扩建团队。于是王总聘请了一位地板制造公司的经理来承担公司的销售工作。这位经理上任了半年，公司的业绩没有突破，反而还有下滑的趋势。王总赶忙联系到笔者："我聘请的这人从事了十几年的地板生产，对我们这个品牌非常了解，也算是个行家里手！我请了专家来做业务，怎么业绩没有突破反而有下降的趋势呢？……"王总开玩笑地说："我请的可能是个假'专家'吧。"笔者听了他的阐述，问道："你也知道他做了十几年地板生产，他也很懂你经销的品牌，你把销售这么重要的工作交给他，但重要的是他懂怎么样销售吗？"王总听了我的话茅塞顿开，之后又重新聘请了一位销售经理。在这位销售经理的带领下，公司的业绩实现了跨越性的增长，公司也扭亏为盈。

该不该相信专家的话？

有时候管理者可能会犯一个通病，就是过于相信专家的话。王总聘请的这位专家，虽然也算是地板行业的行家里手，但是这名专家对于销售工作并不了解。因此就算是专家的话也是生产专家，而并不是销售专家。但是王总需要的是销售经理，这样的专家可以说对销售策略一窍不通，又怎么能促进业绩的提升呢？

实际上，你也应该认识到专业不等于专用。

人才是促进公司发展的重要因素，企业的扩大和发展必须要有人才做保障。企业要不断招兵买马，不断有新人加入企业。新人的加入不仅可以活跃企业的内部氛围，还可以激发员工的积极性。但是管理者也要懂得选拔什么样的人才，要根据企业的实际情况出发，坚持实事求是的原则，选拔真正适合企业发展的人才。

很多管理者为了提高招聘的质量，会组织建立一个招聘团队，这个团队包括一些心理学专家、人力资源专家等。尽管这些专家看似"专业"，但是对于企业的招聘来说，可能并不太"专用"。因为企业需要什么样的人才，具体岗位对人才有什么样的要求，这些专家或许并不了解，他们对于这个公司属于什么行业可能都不是很清楚。

实际上除了上述所说到的专家外，还有一些管理者在招聘时过于看重"文凭"，学历以及文凭确实可以代表一个人的文化水平，但是有文凭的人不代表他工作能力就很强，也不代表他就能管理好一个团队。把"文凭"看成衡量人才的唯一标准，这样的衡量标准过于片面和狭隘了。

管理者可以从以下几方面解决问题：

1. 重视工作经历

企业招兵买马是为了能够推动企业更好地发展，获取更大经济利益。因此管理者在招人、用人时必须要结合具体岗位情况、企业的发展情况，不能根据名声、学历等就认定这个人一定适合所应聘的岗位。

很多企业进行对外招聘时都会有工作经验的要求，如要求三年以上的工作经验、五年以上的工作经验，这反映了企业重视人员的工作经历！一般来说，刚毕业的大学生在某领域从事三年以上工作，其个人的工作方式、职场价值观都已经相当完善。就家居建材行业的销售员工来说，从事三年的销售员，已经有很多的人脉资源，其话术也已经相当精湛。这些可比那些只有文凭、没有实战的高才生强多了！

2. 清楚任命岗位的特点

管理者在招聘人员的时候，要搞清楚任命岗位的特点，这个岗位需要什么样的人才，只有在这个基础上进行人才的选拔，才能学会因岗定人。王总要招聘的是销售经理，这个岗位的最大特点是管理销售人员，制定销售方案，带领销售员提升业绩。

王总在笔者的建议下聘请了销售经理，尽管工作年限并没有十几年这么长，但是一直在销售一线岗位上工作，对于地板的销售流程轻车熟路，对于销售人员管理更是有自己独到的秘籍，经过后期的不断发展，王总公司的业绩才提升了！

3. 参考他人意见

有些管理者在选拔人才时，往往单凭自己的主观意愿就对一个人的能力高低进行断定，断定这个人是否适合某岗位，实际上这种情况很容易导致人岗不适的状况发生！企业内部可以进行讨论，汲取他人意见，对一个人能力的高低进行断定，这才是科学的用人之道。很多知名企业将讨论这种形式融入到企业招聘的过程中，为定岗选人提供了一定的依据和借鉴。

4. 经理也要有"实习期"

实际上不管是招聘一位经理，还是招聘一位基层员工；不管招聘的是一位专家，还是一位刚毕业的大学生，都必须要让其做出一份计划，有一段工作的"实习期"。就拿王总新任命的这位销售经理来说，企业可以给他定三个月的试岗期。期限结束前，管理者要询问他对现在这份工作的意见，试岗期间发生的错误有哪些等。要让员工以书面形式说清楚，并且制定一份未来三个月的工作计划。通过这种方式管理者可以直观地了解员工的真实想法，从而对员工的个人能力进行判定。下一步再来确定该名员工是否可以继续在本公司工作。如果这名销售经理是一位名副其实的专家，一定可以制作出一份科学的计划！

选人、用人一直是一个不可避免的话题，管理者必须要坚持从企业的实际出发，从岗位的实际情况出发。选拔的员工如果不能实现利益的最大化，那不如不用；用的人如果不能发挥其长处，那用起来会很困难，不如换人来干。管理者需要切记的一点是，专家只是一个名号，这个人的能力如何才是重点！

员工薪资的设置

山东潍坊的刘总和笔者说了一件这两天让他很闹心的事情。刘总的公司要开展一个大项目，需要几名工程师，但是公司内部已经有了一名工程师，还缺少一名。于是人事进行了招聘，虽然招到了一名经验丰富、能力强的工程师，但是在面试的时候，了解到这位工程师的薪资要求很高，将近本公司内部工程师薪资的2倍。于是人事经理将这件事反映给了陈总。

刘总和笔者说："真是头疼，你说这位员工，要也不是，不要也不是，如果按照他定的薪资要求，肯定会让公司的其他同事不满，如果说不要这个工程师吧，还得花费时间去招下一个，这项目就要开展了，如果到期完成不了的话，那损失就大了去了。真不知道怎么处理这件事。"

薪资到底是根据什么设置的呢？

1. 影响底薪设置的因素

实际上对于一个员工底薪的设置非常重要，如果设置不好的话，根本招聘不到人才，或者说造成一些管理上的问题，如底薪过高，员工就会失去积极性，所以说管理者应该重视员工的底薪设置。实际上比较困难的是对一些有工作经验的员工的底薪设置。因为对于刚毕业的大学生，可以采取一样的薪酬标准；而对于工作经验丰富的员工，他们的底薪设置就需要对多种影响因素进行考虑。

第一，员工的生活费用。其实这个影响因素对于刚毕业的大学生也是适用的，因为无论是刚毕业的大学生还是有着工作经验的员工，都是要生活的，这就必然涉及生活需要的基本费用，例如，这个城市的消费水平怎么样，房租怎么样，交通费用怎么样，等等。如果企业满足不了员工的基本生活费用，那么员工也是不可能进入你的公司工作的，这无疑加大了企业招聘的难度。

第二，员工前一份工作薪资标准。企业在进行面试的时候，也需要对这位员工上一份工作的薪资进行了解。员工换工作的很重要一个因素就是为了获得更多的物质利益。员工选择跳槽是为了能够拿到更高的薪资，即使不比原来的工资高，也要持平。如果管理者给员工的底薪要低于原来的公司，那这个员工能留在你们公司才怪，谁都希望越来越好，而不是越来越少。

第三，参考同地区、同行业以及同品牌整体的薪资标准。管理者必须要了解同地区、同行业以及同品牌整体的薪资标准，因为知己知彼，才能百战百胜。如果对你的对手都不了解，那怎么能成功呢？如果相比同行业水平，你给的薪资水平要低很多，那怎么能招到人才呢？这在一定程度上也会增加招聘难度。

2. 底薪设置过高的影响

如果底薪设置过低，提成设置高的话，容易让营销员产生自身不保的负面情绪，压力过大。如果底薪设置得高，提成设置得过低的话，也可能导致员工安于现状、不思进取。

高底薪的出现，体现不了多劳多得的良性激励方式，对员工工作的积极性会有很大的影响。

管理者可以从以下几方面解决薪资问题：

1. 底薪+奖金的薪资构成

管理者要对新员工的底薪设置进行考虑。如果面试的这位员工的能力可以达到公司所需的标准，就可以考虑给这位员工高点儿的底薪。同样的能力，干同样的事，也能给企业创造同样的价值，企业应该给他们公平的薪资待遇。但是管理者也要注意一点，要考虑工作年限这个问题，新员工可以比老员工适当低一些，但是也不能低太多。

实际上，如果管理者答应了这位员工的底薪要求，就会造成一些老员工的不满，所以管理者要找到解决方法，不能随意满足这位员工的要求。其实管理者可以采取底薪+奖金的方法来进行薪资发放。如果这个项目最终完成得很好，管理者可以给他们发放奖金。

2. 考虑企业的实际情况

实际上给员工的薪资到底是多少，是根据员工个人来定的，因为每一个员工的工作能力以及工作绩效并不是完全一致的，因此能者多劳，收获的自然也就多点儿。但是企业也应该有合理的财务计划，员工的薪酬应该与企业自身的财务状况有着很大的联系。如果这两年这个行业普遍不景气，公司的收益也不好，财务比较吃紧，员工的薪资自然也不会高到哪里去。所以管理者也要根据公司的实际情况，不能随意或者盲目地进行员工招聘。

管理者在给员工设置底薪的时候，应该考虑各方面的因素，如资历如何、职级的高低等，要既能满足面试者的薪资要求，又不对公司造成伤害。管理者应该权衡利弊，留住人才，实现员工与企业的共赢。

悲观主义型员工的引导

浙江金华的李总说公司里新招进来一个经理，但是让李总没想到的是这个经理是个悲观主义者，换句话说就是个消极的员工。有时李总提出的策划或者比较创新型的规划，新招进来的王经理总是反对的次数比赞同的次数多，尽管有时候王经理给出的意见可以规避一些风险，但是企业求发展有时必须要有一定的创新，承担一定的风险。

虽然李总知道王经理的工作能力很强，但是他在一些决策面前的消极态度总是让自己有些反感，不知道该拿他怎么办。

管理者在面对消极型员工的时候，应该注意以下几点：

1. 消极的员工引发消极的工作态度

实际上只要管理者仔细地观察就会很容易地看出那些持消极否定态度的员工

在部门里生根发芽的迹象——工作动机的丧失、员工的高流动率、缺勤率的上升、士气的低落、工作态度消极、对团队或者企业的忠实度降低等，这一切都足以说明你的部门或者团队已经出了问题。

对于管理者们来说，要想阻止消极否定的工作态度在自己的团队或者部门里蔓延，消除这些潜在的影响，就需要认真地对团队或者部门里那些消极被动型的问题员工进行管理。

2. 管理者需要问自己的问题

管理者要充分地认识并承认团队中那些消极被动型员工的存在，然后给予他们帮助，帮助他们改变自己的状态。这对管理者来说有一定的要求，管理者可以先问自己这样几个问题：

● 你是不是一个积极的倾听者？

● 你是不是一个好的交流者？

● 你能否知道在员工工作表象背后存在的问题？

● 你能否为员工提供充分的指导？

● 你能否为员工提供具有建设性的反馈意见？

如果针对上述问题，你都能给出肯定的答案，那么，你只需要对一些基本的技巧进行掌握，就可以游刃有余地对他们进行管理了。

作为管理者的你，可以从以下几方面进行解决：

1. 让他们清晰地表达自己所持的观点

当他们在对某件工作持消极态度时，管理者要让他们把反对意见说得尽量具体一些。例如，这样不行的原因是什么？这仅仅是猜测的结果呢，还是建立在客观事实基础上的客观判断？这是一种没有根据的预测呢，还是在多次教训的基础上得出的经验之谈？总而言之，管理者一定要让他们对计划中的哪一部分会出现问题给予明确，并指出产生问题的原因具体是哪些？然后针对这些问题，向他们询问解决办法。当然，关于这些解决方法也要让他们尽可能详细而具体地给出。当他们说："我不太清楚，把这个问题说明白，我有点力不从心。"这时，你一定不能满足于他们给出的这个答案。

实际上通常这些态度消极的人都非常害怕失败，所以，他们不敢冒险，而且还会试图阻止团队中其他员工的冒险。管理者在这时可以让他们描述一下如果实施了这个"危险"的计划，会出现的最糟糕的结果。这样的描述有助于他们对未来的前景作出一些比较客观的预测。

2. 减轻他们的责任

当管理者发现自己的团队中有这样的员工时，要减轻这些员工肩上的责任。他们害怕冒险、害怕失败的最根本原因是害怕要承担失败的后果，害怕承担失败后的责任。如果管理者将他们肩上的责任减轻了，让他意识到就算是整个计划失败了，也不用他们承担任何责任，那么他们就会表现得更加积极。

3. 冷静地批评他们

在面对这类员工的时候，管理者不能太过反感他们，要知道，这种员工往往可以防止发生集体性失误。还需要管理者切记的一点是，不要动不动就对他们严厉地批评，非批评不可的情况下，也需要管理者始终保持冷静的态度。

管理者也要明白，人的感情是有浮动的，不是不变的。刚开始批评的时候，你的态度可能是冷静的，但在批评的过程中，你的感情可能会发生一些起伏变化，产生兴奋激动，甚至越说越来气，更有甚者会涉及对方的人格问题，实际上这是一种非常不可取的批评方式。这样做会使员工不但对你的批评不予理睬，甚至还有可能会反唇相讥，结果导致双方都非常不愉快，甚至关系从此僵化。管理者要明白的是正确而有效的批评，绝对不能掺入个人感情的成分，而应十分冷静，处处体现出理性。真正的批评，是一次经过细腻处理的、非常冷静的、充满理智的谈话过程。

总而言之，管理者要十分小心谨慎地开发悲观主义型员工善于发现错误的敏感性格，同时还要避免让他们的悲观情绪对整个团队的士气造成影响。

4. 告诉他你的判断

当他们以为自己身处不利境地时，你要根据你的判断，清楚地告诉他你的看法。如果你认为他工作进展得很顺利，就该让他知道自己干得不错。否则，你也要直接告诉他："你是错的。"另外，如果他们所处的不利境地是情有可原的，也要给他们指出来，并尽你所能地辨别问题，对这些问题作详细、具体的利弊分析。总之，必须引导被动消极者做出更好的情感反应，而不是由着他们的本能反应，要用乐观的方法来消除他们的悲观情绪。

5. 要帮助他们树立成功的信心

你可以给消极被动者提供更多和更容易获得成功的机会，让他们充分享受成功带来的欢乐。这对你来说并不难，因为你总是有很多从易到难的任务。这样，你可以将一些简单的、接近成功的任务交给那些消极的员工。尽管有一些人天生的态度就很悲观和消极，但是也可以在后天培养成主动、乐观的性格，作为一名管理者，千万不要对他们失去信心。如果你不知道如何管理这些消极、被动的员工，你就会不可避免地长期陷入困境；如果你坚持、努力地对他们进行引导，给予他们帮助，你将很可能获得成功。关键是让他们树立信心，让他们相信自己会取得成功，他们就会从消极被动的员工变为一名积极主动的员工。

6. 要为他们提供成功的机会

消极被动的人对很多工作都可能是一副无所谓的、麻木的态度。如果管理者可以为他们提供成功的机会，让他们快速地获得成功，则可以对他们麻木的神经造成一定的刺激，让他们变得积极主动、热情高涨。

总之，身为管理者的你无论做什么，都需要切记：没有人会因为你信任和看重他们的优点而怨恨你，也不会因为你同情并真正地关心员工而去责备你。

管理者遇到的形形色色的员工中，肯定有态度消极、悲观的员工。在面对这种类型的员工时，管理者要让他们说出反对意见的具体原因，减轻他们的责任，冷静地对他们进行批评，还要将你的判断告诉他，帮助他们树立成功的信心，还要为他们提供成功的机会，这样做的好处就是帮助你的员工克服害怕失败的心理，从而树立成功的信心。

员工的存在感

销售部的小苏来了有一段时间了，但是好像公司没有他这个人似的，不爱发表意见，公司的聚会也不参加，就连平时工作过程中的闲暇时间也喜欢一个人坐在那里。和部门的人没有交流，总是显得格格不入。

江苏徐州的赵总和笔者说起这件事，存在很多疑虑，不了解这样的员工到底是怎么想的，便向笔者问道："要说是刚来，不太熟悉环境，和同事也不大熟悉，不喜欢交流，我也是能理解的。但是这已经有一段时间了，还是这个情况，我真不知道他到底是怎么想的。我当初要是知道他是这样一个不合群的人，就不会让他通过面试了，还是在销售部门，一点活力都没有。"

这类人是怎么想的？

实际上，管理者是不太愿意看到员工有这样的表现的，因为员工给人的感觉是不积极、没有活力，也不会有工作的热情。而员工的这些表现也会让管理者感到沉闷和压抑。但是管理者也不能对这个现象不管不问，而是要积极地采取一些策略方法帮助他们。

不爱发表意见、显得格格不入等现象都显示出他是小心谨慎的人，深思熟虑，对未知的事情更多的是疑虑和担忧。他们不愿表现自己、突出自己，不爱享受别人投来的目光，只愿意做一个在人群里默默无闻的人。这类人，也不喜欢担任领导者，因此也不愿意承担很多的责任。但是他们本本分分，也很忠心。

管理者可以采取以下几种解决方法：

1. 采取恰当的沟通技巧

管理者在面对这类员工时，除了要调节他们的心态，给他们创造一个轻松的交流环境也是相当重要的。

有些管理者为了打破这种尴尬的气氛，为了顺利地交流，会刻意地寻找一些话题，实际上这些行为不仅没有达到管理者想要的效果，反而会引起对方的反感和厌恶，让他们更加地防备着你。事实上，如果管理者想要得到对方对一些问题的观点和看法，可以直接问，让他明确地表达"是"或者"不是"。迂回式的谈话是管理者在与这类人进行交流时要尽量避免的。

管理者要管理好一家企业和一个团队，首先要做的就是能够与这个企业或者团队中的员工顺利地沟通，因此与各种人进行交流时采取的沟通技巧就显得格外重要了。与不爱说话、不爱发言的员工进行沟通时，更加要注重沟通技巧。成功的管理者应该是能够使他们开口说话，向你表达他的观点和看法的，只有在这样的基础上，你才能对他进行管理，你的管理也才会取得效果。

与这些人交流有一些技巧，下面笔者进行简单的介绍：

首先，从他的或者你们共同的兴趣爱好切入。当以他的兴趣为谈话内容时，可以触动他心灵中的"热点"，从而让他放下戒备，自然地进行交流，当他打开心门时，可以自然而然地进行其他话题的切入。

其次，从他的烦恼切入，这些烦恼可以是工作中的，也可以是生活中的。尽管他们不会主动说起这方面的事情，但是这不意味他们没有烦恼。反之，与开朗活泼的人相比，他们往往有更多的烦恼和担忧。当管理者能够对他的烦恼和担忧表现出理解时，他自然会敞开心门。

最后，你也可以通过评价他，来开始你们的谈话。每一个人都是需要别人的认同和肯定的，也总是特别想知道别人眼中的自己是怎样的，而这种自我防卫型的员工更是如此。他们担心在别人眼里自己做得并不好，所以选择自我封闭。管理者如果能做到公正、真诚、客观地对他进行评价，往往能够让他进行自我反思，从而可以顺利地进行交流。

2. 让他们承担起责任

员工为什么有时候会推卸责任，为什么会有推卸责任的想法和理由，实际上是因为管理者在分派任务时并没有对他的岗位职责进行明确和告知。事实上，管理者如果只告诉员工如何完成他们的工作，这是不够的，还必须让他们明白，自己拥有哪些权利，需要承担哪些责任。

大多数员工出错后，都会想到推卸责任，这是因为在当初布置任务时就没有明确地将他的责任是什么告诉他。

此外，管理者还要注意适度的惩罚。

惩罚的作用是为了让员工不再或者减少此类错误的产生。如果惩罚的力度过轻，员工就会觉得无所谓，也就是说惩罚是没有起到作用的；但是如果惩罚的力度过重，也是不行的。过重的惩罚会让员工担忧，从而使员工千方百计地来逃避这个惩罚，为了不受罚而寻找各种理由并采取一些行为来推卸责任，这些行为包括欺骗、说谎以及隐瞒等。一旦员工选择隐瞒，那么被隐藏的错误便不会及时地得到修正，自然会造成更糟的结局。等到管理者发现的时候，问题也许已经无法修复。由此可见，过重的惩罚只会导致出现更多的各种各样的"借口"，给企业也只能带来更大的风险。

当然，教下属学会承担责任最好的方法就是管理者自身要树立一个好榜样。有句老话叫作"打铁先要自身硬"，如果管理者自己也推卸责任，让你的下属承担责任也是不可能的！

3. 给他们足够的安全感

在面对这类员工时，管理者不要频繁地向他们提出过多的改变或新方案，这会让他们感觉非常吃力。

对于他们的疑问，管理者要给予耐心的解答。对于他们的疑虑，管理者要主动地消除，这种做法才会使他们觉得心安，有安全感。

管理者也要充分地尊重他们，不要轻易地否定他们的努力及成绩，要欣赏他们的才能。

当他们出现错误时，管理者也要选择一定的方式、方法进行批评教育。他们的心理防卫机制非常强烈，因此管理者千万不要在大庭广众之下挑剔或者指责他们，这些都会引起他们的疑心，怀疑你在背后也这样议论、嘲讽他。

有些已经安排给他们的工作，在他们进行工作的过程中，不要或者尽量少提一些建议。太多的建议只会使他怀疑你对他并不是足够的信任，从而加重自我防卫机制。

给他们划定一个大范围是促使自我防卫型员工自我提高的一个好方法。

自我防卫型员工一般都喜欢干自己熟悉的领域的工作，因为这让他们感到有安全感。在他们的眼里，险情是与未知的领域、太遥远的未来相连的。因此，从一开始管理者就需要他们设定一个宽泛的区域，让他们慢慢地了解它、熟悉它以及接受它。

管理者在这个过程中需要帮助他们制订一个个的小目标，让他们逐渐实现，一步一步来。

管理者如果发现团队中有这样的人时，不仅要看到他的缺点，还要看到他的优点，如他们坚守本分、忠心，千万不要认为他们是毫无优点的！

管理者在面对这类员工时，应该积极地采取恰当的方式方法进行管理，如采取一定的沟通技巧，与他们进行一些深度交流。同时，这类人不喜欢引人注目，不爱当领导，那自然也不爱承担一些责任，所以管理者也要适度让他们承担责任。管理者要给予他们足够的安全感，让他们放下心理防卫机制，逐渐成长起来。

第二章

团队裂变之宗匠陶钧
——让人才细胞裂变式增长

从拆字法角度来看"团""队"两字，不难发现"团队"的核心就是"人"和"才"。团队因为有人才存在才能够发展，离开了人才，管理者只能单枪匹马，那怎么还能够成就大事呢？一个团队能否成功不在于人员数量多少、年龄大小，但在于能否汇集众人的智慧，将各种才能的人用好，人尽其才、各尽其能，才能持续发展，基业长青。

所以，当一个人晋升为团队管理者，他的成功都与别人的成长息息相关。培养下属就是培养未来，培养下属也就是解放管理者自己。

只用合适的人

江苏徐州蔡总的公司这两年发展得很迅速，也取得了很好的业绩。为了能够让公司取得更大的发展，让员工也可以获得成长，蔡总让人力资源部招聘一位培训师，培训对象主要是针对销售部门的员工。

于是，人力资源部的何主管在初试的时候就通过了几位比较符合岗位要求的求职者，并将这几位通过初试的求职者向蔡总做了简单地介绍，让蔡总对求职者进行复试。

最终结果出来时，令何主管没有想到的是蔡总最终录用的是一名干了好多年销售然后转型成培训师的求职者，实际上通过初试的人里面包括很多在培训方面有着相当丰富经验的求职者，都比蔡总录用的这名员工的能力要高很多。因此何主管把自己的这个疑惑和蔡总说了，蔡总说："或许这些人的培训经验很丰富，但是我们需要的主要是针对销售人员的培训师，录用的这个人不仅有培训的经验，而且对销售部门也有一定的了解，对销售方面的问题以及销售技巧比那些应聘者会更加了解。所以有时候需要招聘一些合适这个岗位的人，而并不是那些看着很华丽却不适合这个岗位的人。"

作为一名管理者，你要认识到以下几方面：

1. 请合适的人上车，不合适的人下车

管理学家吉姆·柯林斯的《从优秀到卓越》一书中有这样一个例子：如果你是一辆公共汽车的司机，而你的公司就是这辆公共汽车。这辆公共汽车就停在那儿，由你来决定去哪里、怎么去、和谁去。在某些人看来这名司机的做法应该是立即振臂高呼，发动汽车引擎，把所有上车的人都带上，然后驶向目的地。但实际上，成功的管理者并不会将所有上车的人都带走，而只会选择适合的人留在车上，让那些不合适的人下车，并将留在车上的人都安排到合适的位置上，然后再带领他们沿着正确的方向驶向远方。

让合适的人做合适的事，这说起来很简单，但是真正做起来并不是一件容易的事。一方面要了解每一个岗位的工作内容，只有将这些了解清楚，才能知道团队中需要什么类型的人才；另一方面还需要了解团队中每一个成员的能力，不仅要了解他们的优势所在，还要对他们的劣势、缺点进行了解。只有对他们进行了充分的认识，才能将他们放在合适的职位上，发挥他们的优势，避免他们的劣势，做到扬长避短，发挥真正的才能。

2. 能力比知识更重要

在一个人的构架里，知识只是外在的、表象的东西，就好比有一些人可以在

答卷上对如何管理企业、如何解决棘手的问题等侃侃而谈，但是在现实中真正遇到这些问题时，他们的表现却常常是不知所措、毫无头绪。这表明了这些人头脑中的知识只是知识而已，并没有将这些知识转化为能力。

笔者认为众所周知的一个事情是知识并不等于能力。一个科学家的知识再多，如果不能将这些知识转化为生产力，那么对社会发展来说就没有太多的实际价值。因此，管理者在为团队选择人才时，不能只对应聘者的知识方面进行考虑，更重要的是考虑对方的能力，只有那些能把知识转化为生产力的人，才是团队真正需要的人才。

管理者挖掘人才可以从以下两方面入手：

1. 对工作经历予以重视

管理者招聘新人的目的是让企业能有更好的发展，获得更多的经济利益。所以管理者在进行招人、用人的时候必须要结合实际，而进入公司的标准绝不能是毕业学校名声大、学历高。

我们可以很清楚地看到许多企业在对外招聘的时候都要求应聘者有一定的工作经验，可以是两年的工作经验，也可以是三年的工作经验，这也表明了企业以及企业管理者对员工工作经历的重视。一般来说，如果一个毕业的大学生在某个领域从事了三年或三年以上工作，那么这个人的工作方式以及职场价值观都已经是相当完善的了。就家居建材行业的销售人员来说，如果这个员工已经从事了三年的销售工作，那么其手中的人脉会是非常广的，销售话术也应该说是相当熟练的。对于销售工作来说，这样的员工比那些只有文凭、没有实战的高才生要强很多！

2. 对岗位的特点进行了解

管理者还要对需求岗位的特点进行了解，在这个基础上对人才进行选拔，因岗定人。只有对岗位的特点了解清楚之后，才能知道这个岗位需要的是什么类型的人才，才能更有针对性地进行人才选拔。

就上述案例来说，培训师也分很多种类型，无论是哪方面的培训师，笔者相信他们都会对某一领域有一定的了解，因此蔡总最终录用了一个有销售经验的培训师，可以说是非常适合这个岗位。

应聘的求职者五花八门，能力也各有高低，涉及的领域也有所差异，因此选择什么人来从事这个岗位是管理者需要认真思考的事情。管理者需要根据企业的实际情况以及此岗位的特点进行人才的选拔。如果任用的人不能实现利益最大化，那么管理者就可以考虑重新进行人才招聘的事情了。如果任用的人不能人尽其才，发挥不了他的实力和长处，无论对这个岗位来说，还是对其个人来说，都是不利的。所以管理者在进行岗位招聘时，要本着只用适合的人来从事此岗位，千万不要被学校名号、高学历等迷惑，而要根据求职者的真正实力进行考虑。

用得着培养比自己能力高的员工吗

山西太原的沈总是一名刚上任没多久的销售部经理，正所谓新官上任三把火，所以沈总工作很是努力，无论是业绩还是在对员工的培养上都取得了很不错的成绩，员工也很依赖他，有困难的时候也都找他，这种现象让沈总很是满意，认为自己没有白白努力。

但是近期团队中来了一个叫小卫的员工，不仅业绩做得好，而且工作态度好，干劲十足。小卫的表现不仅赢得了同事们的一致赞扬，还受到了上层领导的关注。

沈总也看到了这个现象，出现了隐隐的担忧，害怕小卫有一天会把他取而代之，所以公司有什么活动的时候，不是不让小卫参与，就是只让他打个杂；公司有培训机会的时候，尽管小卫有资格参加，沈总也会想方设法地不让小卫去，类似的事情还有很多。

小卫当然也不傻，所以就干脆申请到另一个销售部门，并且干得风生水起，小卫所在的团队的业绩也远超沈总的部门。

实际上在面对那些比自己能力高的员工时，管理者要防范自己产生弱者心态。

很多管理者都会遇到这样的状况——喜欢顺从听话的平庸员工，一旦团队中来了能力较强的人，就会各种穿小鞋，最终导致人才流失，这种管理者就是嫉妒心在作怪。

"他能力已经很强了，我还培养他，难道让他超过我吗"，这个问题是很多管理者都会遇到，同时管理者很容易在这个问题上犯错误。

有些管理者在面对能力比较强的员工时，便会直言不讳、一针见血地说出自己的担忧——谁领导谁、取而代之等，换句话说就是不允许手下的员工超过自己。这种心态其实也一目了然：

（1）员工比我强，那在其他员工的心目中，我的威信肯定没有那个员工高，那我还怎么管理手下的员工？

（2）既然这个员工比我强，那么肯定对我的位置虎视眈眈，那我为啥还要培养他呢，岂不是养虎为患？

（3）能力强的人必定会有一定的野心，最终都会选择自立门户，那还培养他干吗，岂不是在培养竞争对手？

……

有上述心态的管理者都喜欢别人用放大镜看他，而他看别人则是拿显微镜。对于能力强的员工，不仅会嫉妒、担忧，还可能会疏远，对这些员工造成极大的打击，对他们的积极性造成了很大的伤害。

说到底这都是弱者的心态，外表强硬，但内心是极其虚弱的，也极其缺乏自信心。真正的强者会接纳比自己能力强的部下，因为他有信心管理好所有的员工，也有信心能够控制住局面。这样的管理者看重的是每一位员工的才能、企业的发展，关注点自然不是员工能否取代自己，因为管理者有信心能够做得更好。

管理者可以从以下五个方面入手解决这个问题：

1. 认清侏儒公司和巨人公司

在这里笔者要介绍一个人，他就是广告大师奥格威。为什么要介绍他呢？因为他说过："用人的最大失误就是没有任用比自己高明的人。"为了对这一观点进行诠释，奥格威在每一个董事的椅子上都放了一个洋娃娃，让各位董事打开。当各位董事打开之后，发现里面还有一个更小的洋娃娃，再次打开，里面还有一个更小的。当各位董事打开到最小的一个时，发现了奥格威写的一张字条："如果你永远只聘用不如你的人，我们就会成为侏儒公司。"如果反过来的话，聘用的都是比自己高明的人，那么会不会成为巨人公司呢？你会怎么选择？

2. 提高自身素质

管理者要不断提升自己的素质，不断增强自己的自信心。见不得下属比自己强的心态就是弱者心态，也是缺乏自信心的表现。管理者也要不断地成长，成为一个真正有能力的人，看到有能力的下属，不应该出现担忧、惧怕，而应该用"有容乃大"的胸怀接纳别人，更为得到这样的人才而感到开心，因为这样的人才有利于企业得到更好的发展，可以促使企业取得更好的效益。

管理者应该意识到一个问题就是自身的价值。例如，一名销售经理，除具备一定的销售能力外，管理能力、协调能力等也是必不可少的，既然已经做到了这个位置，说明是对自身能力的一个最大肯定，所以管理者应该意识到自己的优点及价值，同时对于员工的优点也要给予欣赏，并且要善于利用他们的优点，扬长避短，更好地发挥他们的才能，共同为企业创造价值。

3. 容人之长

管理者不仅要做到容人之短，还要做到容人之长。对于那些能力很强的员工，管理者心生妒意的原因可能就是"珠玉在侧，觉我形秽"的担心被"取而代之"的危机感。实际上，当管理者手下的员工能力很强的时候，管理者自身的地位也会不断提高。一个能力强的人不仅能够使部门的效益增强，也会促进企业的效益增强，同时还会让管理者名声大噪，何乐而不为呢？

4. 对于能力强的员工不求全责备

一个能力较强的员工是一个比较有主见、有创意，不愿随波逐流，也不看眼色行事的人。所以他会为企业带来很多效益，同时也会为管理者开创一些新的局面。当然在能力强的员工的身上也会有很多缺点，这时就需要管理者克服求全责备的心态。人才也是人，所以也会出现错误，也有困难麻烦的时候，所以管理者要容得下他们的缺陷。因此，不管是对能力较强的员工还是一般的员工，管理者都不应该求全责备，因为求全责备的害处很多，如打击员工工作的积极性，使员工畏手畏脚，阻碍员工发挥想象力和创造力等。所以管理者要善于用能力强的员工，使他们人尽其才。

5. 关注下属

管理者对于有能力的下属要给予关注，做一名伯乐，知人善用。如果对待能力较强的员工，采取的是疏远和打压的态度和行为，那么只会降低员工工作的热情和积极性，进而降低员工的工作效率。此外，这位员工也会对管理者产生怀疑，认为管理者是一个心胸狭窄之人，在他手下做事，必定没有发展空间，自然也会另觅主人。

实际上无论是能力强的员工还是能力较弱的员工，管理者都应该让他们参与到企业的活动中去，特别是有能力的下属，要让他们参与到制定公司目标的工作中来。管理者这样做的好处有很多，如为员工创造了发挥才能的机会，也为员工创造了成长的机会，使其能够变得更强，为公司发展带来更多的利益。

管理者如果已经在某个岗位安排了合适的员工，那么就应该给予这名员工一定的权力，让其充分发挥创造性以及主观能动性，以更积极的态度和饱满的热情投入工作。

管理者在面对能力很强的员工时，一定要善用人才，不能让嫉妒心作怪。对待能力较强的员工，更应该用心地培养，这既是对员工负责，也是对自己负责，更是对企业负责。管理者要意识到企业要不断取得发展，就需要能力很强的员工，聘请一流的人才，只有一流的人才才能塑造一流的企业，企业才会立于行业的领先地位，所以管理者不要害怕别人超过你。管理者也要不断提高自己的能力，证明自己。

事必躬亲的管理者

甘肃银川的杨总跟笔者抱怨说，当发生一些问题需要员工时，却发现企业里虽然有很多员工，但是可用的却甚少。笔者就问陈总既然公司里缺少可用的员工，那就要培养员工，让员工在工作的过程中不断成长。杨总说："都没有这个能力，我敢把工作交给他们吗，还是我自己来吧，交给他们，我能放心吗，自己累点就累点吧。"听了杨总的话，笔者才发现他为什么需要员工时，却发现没有可用的员工。

实际上管理者的这种行为也会导致员工心中多有不满："既然我们都是无能之辈，那就由他自己一个人干好了。"

管理者认为自己能干就干了，结果却招来员工的抱怨，这种吃力不讨好的行为实际上就是对员工莫大的不信任。基于信任的授权是激励员工很有效的一种方式，会让员工受到最有说服力的鼓励，因为这是管理者在行为上给予的莫大信任。而员工也会充满使命感，努力地完成工作。

管理者要意识到事必躬亲只会越来越忙。

很多管理者都认为自己的能力比员工要强很多，在公司里是能力最高的，很相信自己，总是质疑他人的能力，还总是对别人的处理方式看不惯，，甚至还会干预他人的工作过程。这样时间一长，就会形成管理者不管大事小事都喜欢插手的习惯，这种独断专行、事必躬亲、疑神疑鬼的管理方式只会引发下列问题：

第一，如果管理者对自己的工作没有计划，那么工作内容也就没有轻重缓急。事必躬亲的结果就会处于"猪八戒踩西瓜皮，滑到哪里是哪里"的被动局面。

第二，实际上管理者的这种做法的结果就是导致自己的工作量增大。一些本该处理自己工作的时间也会花费在这些本不该属于自己的工作上，那么自然会对自己的工作造成影响，使本职工作无法顺利地进行下去。

第三，如果员工长时间在这样的管理者手下做事，便会在这种工作氛围中渐渐地丧失主动性与积极性，养成依赖、从众和封闭的习惯。

第四，管理者的这种管理方式会导致员工心中有怨气。管理者如果事事亲为的话，会影响员工的工作，事无巨细的"魔爪"对员工的工作热情和积极性会严重地挫伤，使员工的工作能力没有发挥的空间。对此，员工也会心里不服气，抱有怨言。

那么，管理者有必要事必躬亲吗？要放权吗？怎样放？

管理者可以从以下四个方面入手解决这个问题：

1. 让员工自由发展也是培养员工

一个成功的管理者，往往会营造一个让员工能够发展的空间和平台，让员工拥有不断成长和发展的机会。成功的管理者应该鼓励员工去完成一件事，甚至是独当一面，而不是插手，甚至是从头管到尾。

韦尔奇曾经说过："我的工作是为最优秀的职员提供最广阔的机会，同时最合理地分配资金，这就是全部。传达思想，分配资源，然后让开道路。"实际上这就是管理者应该做的——管头管脚。什么意思呢？就是管理者把握核心的部分并传达给下属，确定工作内容。根据实际情况，选择合适的员工。发现和培养优秀的员工，并为他们提供一切可以提供的资源是管理的关键，也是每一位管理者应该追求的。

事实上，很多管理者都像案例中的杨总一样，发现公司里无人可用，实则是不放心员工，能替员工做的就做了，也为了避免出现各种问题而自己去处理。管理者这样的做法就会导致员工成为温室里的花朵，员工在工作中出现不了问题，但也同样解决不了问题，因为日晒雨淋、自由成长，都让管理者自己承担了，员工没有任何的成长。

2. 用人不疑，疑人不用

企业中每一位员工的力量都是最可贵的，也是最为重要的。如果管理者意识不到员工的重要性，对员工的工作能力产生质疑的话，只会对员工的归属感以及自尊造成严重的挫伤，最终可能导致一盘散沙的现象。如果管理者足够地信任员工的工作能力，无疑会增加员工的自信心以及使命感，增强其工作动力，从而使公司得到更好的发展。

管理者必须要遵循"用人不疑，疑人不用"的原则。如果管理者把工作任务布置下去了，就要充分相信员工，做到真正的授权。有些管理者表面上是把任务布置下去了，全权让下属去处理，但实际上还是事事监控，甚至在关键处插手，这实则就是不信任的表现。

3. 选择合适的人进行授权

越来越多的管理者都会将自己手中的权力合理地授予员工，使员工拥有更多的权力，这也是培养员工，让员工成长的一个重要方式。但这并不是一件简单的事情，当然也不是每个员工都值得让管理者这样做，因为每个人的能力不同，不是每个员工都能够达到管理者所要求的目标。因此选择什么样的员工进行授权很重要。反之，如果选择了不适合的人，不如不授权，因为结果可能会和管理者所预想的背道而驰。

马云说，我永远不选最好的员工，只选最合适的员工。实际上每个人都有优势和劣势，都有长处和短处，所以管理者也要对这方面的因素进行考虑，做到人尽其才，大胆启用精通某一岗位或者领域的员工，并授予其权力，使其能够成长、学会独立做主、学会独当一面，这样做还能激发他们工作的使命感和责任感。

4. 授权要有张有弛

成功的管理者要掌握高明的授权法，例如，既要放权给员工，又要对员工有一定的牵制，要做到有张有弛。

尽管很多管理者都意识到给员工授权是一件非常重要的事情，但不是每一个管理者都能掌握好授权。当然授权也并不是一件很难做到的事，授权时要注意以下几点：

（1）选择合适的人授权。

授权需要根据实际工作需要以及员工的能力和个性特征等选择合适的人。能力相对较强的人，可以对他多次授权，这样既可以把事情办好，又能让员工快速成长。对于能力相对较弱的人，不要立即就对他授予重权，不然就可能出现事情没有办好，还可能会产生更大麻烦的状况。

此外，管理者对员工的个性特征也要进行考虑。例如：一些员工热情开朗，就可以授权他们解决人事关系及部门之间沟通协调的工作内容；安静内敛、性格内向的员工，就可以做一些分析和研究性的工作。

（2）当众授权。

管理者在授权时，一定要做到当着所有员工的面进行授权。这样做的好处是让所有员工了解下列内容：第一，谁被授了什么权；第二，权力大小；第三，权力范围；等等。在这样的场合下进行授权可以很好地避免出现程序混乱及其他部门和个人"不买账"的情况。

（3）授权要有根据。

管理人需要以书面形式进行授权，即留有授权的证据。这些证据可以是授权书以及委托书，可以是手谕和备忘录，还可以是其他书面形式的授权证明，这样做的好处有三方面：第一，提醒管理者，以免忘了授权的事情；第二，当别人不服时，可以此为证；第三，明确了其授权范围后，既限制下级做超越权限的事，又避免下级将其处理范围内的事上交。

（4）大权独揽，小权分散。

管理者能够授出的权力越多越好，在某种程度上来说是正确的。但是这并不是让管理者把所有的权力都授出去，而自己没有任何权力，如同一个傀儡。如此的话，公司要你还有何用呢。在授权问题上，有的权力多授为好，有的权力少授甚至不授为好。总体来说，管理者应做到大权独揽、小权分散。

（5）不可以将刚授出的权力收回。

管理者不应该授权没多久就收回，不然就会产生三个不利的情形：第一，这样做等于宣布了自己在授权上有失误；第二，让员工产生一些误会，认为管理者尽管授权了，但是对其并不信任，所以才将权力迅速收回，有一种被欺骗的感觉；第三，将权力收回后，如果这项工作的处理结果更差，则更容易产生负作用。

因此，当管理者遇到被授权者在授权一段时间后表现平平，甚至不佳的时候，正确的做法是积极地进行指导，或者创造一些有利条件让员工将功补过，而不是立马收回权力。

（6）授权的同时不要将责任推给被授权者。

权责对等是组织管理中的一项原则，但授权却不遵循此原则。权责对等是什么意思呢？实际上是指有多大的权力就有多大的责任，但是授权并非如此，被授权者并不需要承担对等的责任。原因是管理人授权的实质就是请被授权者来帮助他完成一项工作，是一种委托行为。授权后，如果被授权者把委托的工作完成得很好，管理者应当给予被授权者一些奖励和表彰；反之，如果被授权者表现不佳，并没有完成工作，管理者也应该自己来承担责任，而不是将责任推给被授权者，这一点管理者是要清楚明白的。

管理者与员工之间合作的基础就是信任。管理者要学会授权，授权实则也是在培养员工，让员工不断成长，学会独当一面，但在授权的同时要注意以下几点：①选择合适的人进行授权；②做到用人不疑，疑人不用；③授权要有张有弛。每一个成功的企业管理者，都应该不断地培养员工，增强员工的责任感，让员工能够独当一面。

鼓励员工

上海的吴总很受员工的欢迎，因为吴总每天上班都赞美自己的员工，如"小张，目前为止这个月你们组干得真不错，继续加油啊""小美，你今天真漂亮""小李，最近又有同事和客户在我面前夸你的技术真的很高超，但是最近，你的工作质量与以前相比是有一定差距的。我想以你的能力，一定能解决这个问题"，等等，员工听过之后，工作的积极性更高了，工作起来也更加卖力，对待身边的同事以及客户也不吝啬地予以赞美。虽然有些员工在工作中出现一些问题或者有一些缺点，管理者不予批评反而予以鼓励，不仅能让员工感受到老板原谅了他的这个问题或者缺点，同时，为了达到老板期待的水平，也会积极地解决问题，改正缺点。

几句赞美和鼓励的话就能激发员工吗？

"我们老板真是个受欢迎的人，公司里应该没有人不喜欢吴总吧，我们团队完成一个项目后，总是能受到老板的赞美，有时会在开会时，点名称赞我们团队里的每一个人""我昨天穿了一条新连衣裙，吴总以及同事们都说很漂亮，让我一天的心情都很好"。从吴总手下的员工那儿听到的都是对吴总的赞美之词，这和他平时赞美自己的员工是分不开的，笔者仿佛看到了吴总平时赞美他员工时的样子。

吴总其实也并没有采取什么特别的措施，只是在满足员工的一些需求后，如提高薪资、社保水平等，适当给予他们一些夸赞，这些夸赞促使他们提升了工作积极性和上进心。

因此，管理者也要意识到精神激励是必不可少的。

精神激励是相对于物质激励而言的。精神激励是指通过非物质的形式来满足团队成员的心理需要，促进其改变思想意识、促使其激发工作活力，让员工不仅实现了自我价值，也能促使团队以及企业不断取得发展。

一说到精神激励，一般人都会理解为用社会主义道德、共产主义理想武装劳动者，主要通过思想政治工作和政治学习，学先进、树榜样等。因此所谓的精神激励就只涉及到荣誉称号、表扬以及奖状等。实际上这只是片面理解精神奖励。精神奖励还包括各种激励形式，如事业激励、声誉和地位激励、权利激励、以及道德和情感激励。

事实显示在物质收入达到较高的水平之后，金钱等物质手段的激励作用会越来越小，而精神激励的作用就会凸显得越来越大，重视对员工的精神激励可以说是十分重要和必要的。

同时，管理者也要意识到对某些员工而言，赞美有时比批评更加有效。

人无完人，每个人在工作中都会犯一些或大或小的错误，但当管理者面临这样一个状况时，会采取什么样的解决方式，是严厉的批评还是在适当的鼓励中督促其解决？

很多管理者在采取一些措施时，不考虑员工是否适合这种管理方式，也不认真分析员工的需求，而是对待每一位员工都是一样，采取"一刀切"的方式，因此产生的结果可能就会背道而驰，与管理者当初所想的完全相反。

一名工作一直不错的员工，最近工作却出现一些问题，责骂他可能会招致他对管理者的不满甚至是怨恨，在这种情况下，其实不如赞美一下他以前的工作成绩，让他相信他是有能力处理好工作以及工作中出现的问题的。

管理者可以从以下几方面入手激励员工：

1. 赞美措辞不能夸大事实，要恰到好处

当管理者予以赞美时不能夸大事实，要恰到好处，实事求是。管理者夸赞员工的优点，是其他团队成员也能够看到并且也认可的。否则，则会出现一些问题，例如，被夸赞员工自负了，误以为自己被领导夸赞了，就是领导所夸的那个样子，从此不再努力，大大降低了工作的积极性；如果管理者夸赞了某位员工，团队里的其他员工对于被夸赞点认可，即使心里有些想法，也不会反对。但是如果管理者夸大了事实，团队里的其他员工不仅不认同、不服气这个"榜样"，反而会引起一些猜疑，如被夸赞的员工是否给管理者行贿，是否和管理者有不正当关系等，这样不仅没有凝聚起员工之间的凝聚力，反而离间了彼此，给管理者本身也带来一些新的问题。

另外，如果管理者夸大事实，还会助长一些不良风气。一些员工只因为小小的进步就获得了极大的赞扬，就会产生浮夸、造假、邀功请赏的情况。原本是作为激励手段的赞美就会演变成员工心目中贪慕虚荣、谋私利的工具，其本身的积极影响反而不重要了，这是每个企业管理者都不想看到的结果。

2. 放下领导架子，真心赞美

管理者对员工是真诚的赞美、发自内心的赞美，才能被每一位员工认同。如果只是为了赞美而赞美，可能会让员工觉得你是敷衍了事、虚伪等。事实上无论

是在工作中还是在生活中，每一个人都不会将赞美和赏识拒之门外，但是对于这种不走心、敷衍的赞美，居高临下的美言，有的员工可能会当作耳边风听听就算了，有的员工可能会认为这个人也是够虚伪的，反而引起厌烦的情绪。

每个人都有闪光点，每个行业也都有佼佼者，所以管理者不要吝啬赞美自己的员工，更不要抱着我是老板，我出薪资，员工做得好也是应该的心理。管理者要完全放下领导架子，真心诚恳地予以赞美，激励的效果才会达到管理者想要的。

3. 赞美员工要"雨露均沾"

管理者在大庭广众之下总是固定地夸奖同一位员工，会让其他未被表扬的同事产生嫉妒心理。管理者的赞美越多，他们的嫉妒心也就越重。如果管理者的夸奖内容又言过其实，过于浮夸，只会让其他员工更加记恨管理者。他们不但会看不起被表扬的员工，还会从心里认定管理者做事偏袒，怀疑管理者是不是别有用心。企业管理者应做到以点带面，以面带全地表扬员工，尽量避免给其他员工带来心理不适，这样才能起到"激励个体，鼓舞全体"的效果。赞扬别人要懂得"雨露均沾"，夸赞一个人的同时，也要对他人的工作给予鼓励，这才是正确的表扬人的方式。

4. 要更加赞美、肯定一些犯错误的员工

有的员工一直干得非常不错，可能由于一些因素对工作造成了一些影响，如家里的琐事、进入工作懈怠期等，从而在工作上出现了一些问题。这时，管理者不能只看到员工出现的问题，一味地盯着这个问题，更不能抓着这个问题不放，对员工进行批评训斥。而是应该进行积极的引导、赞美，肯定他们以前的工作，增强他们的工作信心，引导他们解决目前工作中出现的问题。

相比其他人的赞美来说，管理者的赞美对于员工来说其实更加有效，如果你想在管理方法上超越自我，想改变其他人的态度和举止，那么给他一点儿你的甜蜜赞美，用你的一点儿赞美，让他改过自新，或者保持他的优秀，一定会取得理想的效果。

管理者一定不要吝啬赞美你的员工，但是以下几点一定要牢记在心：①措辞要恰到好处，不能夸大事实；②放下领导架子，真心诚恳；③赞美员工要懂得"雨露均沾"；④对于一直不错但最近有问题的员工，更要赞美、肯定他们以前的工作。

一个成功的管理者，一定要放下领导架子，真正地融入到团队中去，只有这样，管理者的表扬才能发自肺腑、深入人心，从而起到激励员工进步的作用。

激励员工的方式

江西赣州的许总一年总是做好几次营销活动，为了使活动做得更成功，也为了使员工能够更投入活动，通过活动使公司得到更多的效益，许总总是通过一些奖励来激励员工。在元旦的营销活动中，许总奖励只要能在活动中达到业绩目标的员工就可以到泰国游玩三天，活动结束之后，有好几位员工达到了业绩目标，从总体业绩来看，那次活动举办得非常成功。在劳动节的活动中，许总奖励达到业绩目标的员工到美国游玩五天。这次有更多的员工达到了去美国游玩的机会，而业绩也取得了突破性进展。在国庆节活动中，许总奖励达到业绩目标的员工到北京游玩三天。当活动结束之后，业绩跟前两次简直没法比。许总也知道效果不一定有上次好，但是没想到会这么差。许总没想到到北京游玩三天的奖励吸引力竟然这么差。

面对这样的问题，管理者要意识到以下几方面：

1. 奖励的重要性

实际上每一位员工都希望在做出贡献或者完成任务后能够得到个人奖励或者团队集体奖励，当然给予奖励这也是每一位管理者在进行管理企业中要采取的必要措施。奖励既可以维持和激发员工保持积极工作的态度，还可以使整个企业都处于积极向上的工作氛围中，使企业可以保持稳速发展。

2. 奖励缩小的弊端

从上述案例中，我们可以看到许总这次也给出了奖励——北京三日游，如果单从这次奖励来看，是很不错的奖励，但是相比前两次而言，国外游对员工的吸引力显然更大。

如果说奖励不断缩小或者突然缩小，就会导致员工对于所要从事的工作内容失去兴趣，这其实是一种内在的价值判定。员工一般会认为奖励的大小体现了工作价值的大小，相应的奖励意味着相应的价值，如果奖励在不断缩小，这种认定的价值就会渐渐地缩小，员工对从事的工作就会失去兴趣。实际上每一位管理者在管理企业的过程中，都会运用一些奖励来激励员工，使他们更有积极性和工作热情。但是管理者也要合理地使用这种管理手段，从而使员工发挥出更高的工作积极性。

管理者可以从以下两方面进行解决：

1. 奖励内容的递增性

关于奖励，成功的管理者不会在一开始就将所有的奖励都奖励给员工，因为奖励也是一个持续性的过程，要想让员工保持工作的积极性和热情，就要不断地奖励。通过上述案例，让我们看到一旦奖励变小，就会导致员工失去工作的斗志和积极性，从内心否定工作的价值。

2. 通过奖励激发员工对当前工作的兴趣

不是所有的员工都能够处在适合自己的岗位上，要想获得成功，就需要不断努力从而提升自己的能力以实现成功。在这个过程中，员工实则经历了一个被动工作的过程，所以这个过程就可以通过一定的奖励手段来激发员工积极的工作情绪，从而对目前的工作产生一定的兴趣，并在意识中对自己的工作价值予以肯定，这样才会有效地维持员工的工作热情。当这份工作对于员工没有足够的吸引力的时候，通过奖励可以增加员工的感受值，从而从内心接受这份工作。

　　管理者在对员工进行奖励的时候，要注意奖励内容的递增性，达到持续激励员工的作用，不要在一开始就将奖励内容定得非常高、非常好，在随后的发展中，这种奖励持递减状态，实际上这种奖励不仅达不到激发员工的作用，还会引发一些相反的效果，使员工否认这份工作的价值，从而产生消极工作的情绪。所以管理者在注意奖励内容递增性的同时，一方面要引导员工将工作、性格以及价值观等融合，另一方面要刺激员工对当前从事的工作产生兴趣。

员工的自我监督能力

　　江苏南京的许总跟笔者说起过这样一个现象，在月初的时候公司会制订本月的工作计划，每天早上公司还会有早会，布置一天的工作是早会的重要内容，这个工作不仅包括工作内容，还包括工作要达成的目标，如今天要完成的内容有哪些，完成的程度如何等。但是到月底的时候，许总发现有些员工离月初定的目标差得还很远，有些员工的自我监督能力也太差了。笔者就说："许总，有早会是好的，可以让员工知道今天的工作是什么，要达到什么目的，但是只有早会是不够的，还需要有夕会，夕会就是对他们的工作结果进行检查，对员工进行监督，因为既然有月计划，那么每天的计划也必然是根据月计划进行制订的，所以通过夕会，可以让员工自己也能觉察到今天没有完成工作的后果是月目标也可能完不成。"此外，笔者也告诉了许总有早会还有夕会的另一个好处是领导可以清楚地了解到员工的工作成果，对其进行指导、奖励或者批评等，让员工感受到管理者对他们的关注以及关怀，使其更加积极地投入到工作中去。

　　关于自我监督，管理者可以从以下几方面入手：

1. 赫勒法则

　　赫勒法则是英国管理学家 H. 赫勒提出的，是指当员工知道自己的工作结果有人检查的时候，就会加倍努力工作。人都有各种需要，被尊重也是人的一种需要，当你能满足他这种需要时，他会更愿意为你做事。我们知道这种尊重更多的是来自于别人的肯定，通过有效的监督，不仅可以让员工得到上级的肯定，另一方面也可以促使员工有效地鞭策自己完成工作。赫勒法则向我们揭示了人是存在惰性的，同时也提出了避免人产生惰性的方法——有效的监督和激励。

每个人都有一定的惰性。为什么要对员工进行管理的原因，就在于此。管理的主体和客体都是人，所以想要让员工提高工作热情，提高工作积极性，就需要管理者很好地将自己手中的激励和监督机制运用起来，将指挥棒调动好。

企业不仅要建立起科学的、有效的激励机制，还需要进行科学的管理，监督每项工作都顺利进行。管理者都知道有效的激励机制能大大加强员工的工作主动性和热情，但是管理者也应该清楚只有激励也是不够的，还需要建立一个有效的监督机制，这也是让你的员工"动"起来的一个重要措施。

2. 缺乏监督就会催生懒惰

有这样一个故事，笔者想有些管理者可能听说过，就是驴拉磨的故事。驴在拉磨的过程中总是走走停停，如果总是有个人在旁边进行驱赶的话，驴停下来，就会受到鞭打。实际上这也增加了一定的成本，因为总是需要有人员在旁边进行监督，于是驴主人就想出了一个办法，让驴带上眼罩，这样它就会以为旁边有人监督，只要停下来，就会受到鞭打，就会卖力地干活。这也让人腾出了时间去做其他的事情。

人也是如此，都是有惰性的，如果失去目标或者说失去关注，这种惰性会表现得更厉害。

管理者可以用以下两种方法提高员工的自我监督能力：

1. 通过监督可以让员工产生满足感

当有些管理者看到这句话时，可能会产生一些疑问，满足感和监督之间有什么联系？员工通过努力地工作，不仅为自己赚取利益，也促进了企业的发展，所以员工付出了多少努力，相应地就可以获得同等的报酬或者待遇。但是如果企业管理者将员工创造的价值忽略，对员工的努力视而不见，就会使员工产生质疑，从而怀疑自己的能力，使员工陷入挣扎中，最终会以消极的态度对待工作，如懒散、无所谓，对工作敷衍等，最终受损害的是企业。

通过有效的监督可以很好地避免这一点。这种所谓的有效的监督并不是成天盯着员工，监督员工是否认真工作，是否有偷懒行为等，这种监督不仅不会起到想要的效果，反而会背道而驰，让员工产生排斥，从而更加无法融入到工作中去。

这种有效的监督是指建立业绩考核体系。通过业绩考核，可以让员工的价值充分地体现出来，也能使管理者对于员工的价值予以肯定，并适当给予业绩比较好的员工一定的奖励。通过这种形式可以让员工感受到企业的关注、管理者的关注，并产生满足感，从而积极地参与工作。

既然涉及到考核，那肯定有业绩好的员工，有业绩不好的员工，不可能每一个员工都会取得很好的业绩，所以管理者还需要采取适当的方法去引导员工解决问题，使员工不断成长。在这个过程中，员工也可以感受到企业以及管理者给予的关注，从而全身心投入到工作中去。

2. 建立与健全规章制度

有一句名言在西方比较盛行——信任是好的，控制是更好的。信任在团队中的重要性不言而喻，信任也是成员之间必不可少的一样东西，但信任也往往暗藏着一些危机。实际上人性是最经不起考验的，你永远不知道哪一个小细节就把人性给击败了，信任顿时荡然无存。所以，为了保证团队能够不断取得好的业绩，获得成功，除信任以外，我们还需要监督。监督并不是不信任，只是一种约束人性、以防万一的措施。

IBM 前 CEO 郭士纳说过这样一句话："人们不会做你希望的，只会做你检查的。"尽管这句话在一定程度上消极的意味比较大，但事实证明这就是赤裸裸的现实。只靠信任维持而没有监督机制的团队或者企业是不堪一击的，完备的监督机制和全方位的监督能力是真正能够增强团队凝聚力和战斗力的。

每一家企业经营的内容和方式都千差万别，所以这里不能具体地介绍每一种监督机制，但是这些监督机制有一个共同点就是要使公司里上到领导下至每一位员工，都能受到监督。

世界上任何一流的企业都需要建立严格的监督检查机制，只有在严格的监督检查机制的保障下，企业里的每一位管理者和员工才能将工作做好，把发生事故的概率做到最小，才能使团队的行动力和创造力不断得到提升。

企业中的每一个员工都不是纯粹独立的，而是相互影响、相互作用的，任何一个有误的行为或者言论在团队中都有可能被迅速传播，最后使整个团队陷入僵局甚至瘫痪。所以，团队不仅需要信任，还需要监督，通过完善的监督机制可以迅速地发现错误，并将错误及时地扼杀，才能使团队沿着正确的道路走下去，企业才会不断取得发展和成功。

很多企业没有完善的监督体系甚至是没有监督体系，单纯地依靠员工进行自我监督，但是人都是有惰性的，也都是需要被肯定的，所以管理者有必要建立以及完善企业的监督体系，不仅能让员工获得满足感，还会使企业不断获得发展和成功。

"90后"以及"00后"的培养

安徽安庆的黄总跟笔者抱怨说公司里的一名小员工，骂了几句就撂挑子不干了。笔者就详细地寻问了这件事。黄总说："这个小谢是1994年出生的小伙子，平时工作倒也勤快，但是有时候给他一些任务或者让他单独面对客户的时候，他根本就完不成我布置的任务，还没骂他几句，就直接撂挑子走人了，为什么我的苦心和期望，他都感受不到。"黄总接着说："其实小谢不是我的什么亲戚，为什么我会对他如此关注，乃至现在和你说这件事，是因为现在公司的员工越来越年轻化，这种年轻化不是年龄上小，而是越来越多的是'90后'，甚至是千禧年之后的小孩。怎么培养他们，真是让人头疼。"

笔者就告诉黄总说："'90后'或者'00后'抗压能力差，可能比你想象的还要容易受'伤害'，并且他们的父母都很少对他们提出要求，你要求他们，他们怎么可能会理解或者执行呢？管理这些'90后'和'00后'，不要把关注点放在他们的态度以及情绪上，要着眼于'行动'。"

管理者要认识"90后"以及"00后"的教育方式。

目前，大多数管理者都是30多岁、40多岁，当然不排除也有20多岁的，他们经历的或者认同的教育方式可能就是下面的这一种。

笔者以游泳来比喻。想要教会小孩子游泳，你会采取什么方法？笔者相信肯定会有一些人想着直接一脚把孩子踹到游泳池里，就是所谓的"虎父"。在孩子发生溺水的瞬间，家长会出手相救。这种家长要的就是孩子在拼命挣扎的瞬间学会游泳。实际上这种方法也不能说是完全错误的，但是如果将其放在"90后"或者"00后"身上，就会让孩子产生畏惧的心理，估计以后再也不会进游泳池了。

在职场中，也有很多管理者采取的是这种方法，将还没有熟悉公司情况或者没有摸清状况的新人直接派去处理客户投诉或者做销售。这种管理方式对于"70后""80后"会起到一些作用，"70后""80后"的员工也许会采取自我暗示的方法，认为现在很艰难，但是只要熬过去了，就会出人头地，所以就埋头苦干，在后来的发展中也能够独当一面。但是这种管理方式如果放在"90后"或者"00后"身上，只能以失败收场。"90后"或者"00后"不是辞职，就是把自己封闭起来。当然这种情况不能一概而论，也有一部分人能够扛过这些，掌握一些工作的要领。但是大部分人会心生畏惧而难以采取任何行动，就像惧怕游泳池一样，逃避工作，这样就很难领悟到工作的要领了。

当然，这也不是谁对谁错的问题，主要是方式的问题，所以管理者要对"90后""00后"采取一些有针对性的管理方式，使他们更加融入到工作中去。

在面对"90后""00后"的员工时，管理者可以从以下两方面入手：

1. 以柔克刚，因势利导

作为一名管理者，不仅要掌握多种管理技巧，还要掌握多种管理方式，对于"90后"以及"00后"的管理，要学会以柔克刚、因势利导，对于他们不要采取以硬碰硬的管理方式。在上个案例中，如果你也像黄总对小谢那样，直接开骂，则会进一步激发这些年轻员工的任性、娇纵以及反抗，不仅解决不了问题，反而更容易把事情闹大，员工必然会选择离职。实际上这些年轻人有天生的弱点，如凡事具有依赖心理。如果你柔中带刚地引领着他们，就会给他们营造一种安全感以及可依赖感，他们就会成为你的好朋友。另外，管理者应该主动倾听"90后""00后"这一代人的心声。平时，作为一个管理者要及时地与他们进行沟通，了解他们的思想动态，对于他们的内心需求进行了解，从生活上给予照顾，与他们建立真正的感情。

2. 正己安人

实际上管理者的管理实质有两个：一是"正己"，二是"安人"。

管理者首先要"正己"，用自身的言行举止给大家做表率，从而树立权威。正己，要想在这方面做好，就需要从多处入手，不仅在专业知识上、管理上、为人处世上等方面，此外，还应在宽容上下功夫，如果一名管理者有责人过苛的时候，就说明这方面修行是不够的，正己的关就还没有过，还需要继续学习。

"安人"指的是什么呢？就是维持团队稳定。管理大师德鲁克说："这就要求管理者有一颗宽容的心，用人所长，容人之短，爱人而不责人。"实际上尽管是优秀的员工，他们也会有很明显的缺点，但是不能用一些平常小事来考查、评价以及衡量一个员工，用综合分析来判断才科学。

现在"90后""00后"已经走入职场，甚至有些"90后"已经进入了管理层，但是有些管理者在面对他们的时候还是不知道采取什么样的措施才会使他们更好地进入工作状态。管理者首先要意识到他们与上一代人受教育方式的差异，从而采取一些针对性的方式去管理"90后""00后"，如以柔克刚、因势利导、正己安人等。

一团和气下的员工业绩

河北廊坊的张总说公司里业务部有好几个团队，团队之间人际关系非常和谐，一团和气。这本是很令人欣慰的事情，但奇怪的是为什么这么和谐的内部关系，每次做销售活动效果都不明显呢？出不了单，业绩也提不上去呢？

世界上并没有那么牢固的和谐关系，有时候牙齿还会不小心咬到嘴唇，朋友之间、亲人之间、恋人之间都会出现这样或那样的矛盾。出现矛盾并不意味着就是不好，反而是一种正常现象。反之，如果只是表面上呈现出来的一团和气，还不如团队之间互相有矛盾、有斗争来得直接呢，因为这样更有利于采取措施，而不至于导致一种假象，让管理者云里雾里的。

要么缺乏竞争机制，要么对团队不了解。

我们在团队激励那一章中就曾说过竞争的重要性，只有竞争才有发展，不然企业就如同温水里的青蛙，逐渐失去竞争力、失去工作的热情，最后导致办事效率低下、效益也不高。如果团队中缺乏这样的竞争机制，员工之间没有这样的竞争意识，做与不做都一样。员工之间能做到彼此之间和平共处，是因为不涉及彼此的利益，也不涉及自己的工作，即所谓的没有任何压力。

另一个原因就是管理者对于团队中的这一关系并没有真正地认识到，即透过现象看本质。实质上，一家好的企业是存在竞争机制的。综观世界500强企业，其内部员工竞争非常激烈，每年都会对员工进行较严格的考核。考核不合格的员工，可能面临着降职调薪甚至淘汰的危险。世界500强企业内部都有员工竞争现象，何况你的企业还没有晋升世界500强企业呢？企业内部出现竞争是必然现象，如果管理者单纯地认为企业内部"一团和气"，没有员工竞争的现象，只能说明管理者把这个问题看得太浅。并且这样的公司在社会发展的大环境下，只能停步不前、后退，甚至是关门倒闭。

管理者可以从以下几方面入手解决这个问题。

1. 反思企业和员工的目标是否一致

企业目标是企业发展的第一导向力，是企业文化的凝聚点。企业的目标应该是每一位员工都清楚知道的，并且每一位员工的目标都应和企业的目标一致，如果员工的个人目标和企业的目标不一致，那么员工之间很容易产生派系斗争。例如，企业的发展目标与企业中的员工思想存在差异，当这种差异逐渐扩大时，员工在面对工作时就会态度消极，这种情绪的不断累积蔓延，就会对整个企业的发展造成影响。更有甚者，会出现员工跳槽到其他公司的状况，个别员工还会煽动其他员工一起跳槽，这样对企业的发展非常不利。一个企业培养一名员工需要消耗大量的人力、物力和时间，如果员工轻易被别人煽动跳槽，等于间接性对企业造成经济损失。

鉴于此，企业管理者就要学会不断协调企业内部的人际关系，统一个人与企业发展的目标，让所有人都在一个目标下一起工作，这样就会减少派系斗争，推动公司向着正面积极的方向发展。

世界软件帝国的"霸主"微软公司的成功就是在一个伟大的目标的催生下造就的——"让每个家庭的个人电脑中运行的都是微软编写的软件"。当企业有一个远大的、明确的发展目标，就如同在沙漠中行走有了指南针一样，可以明确前进方向。

2. 主动找出"不和谐"因素并解决

在呈现出一片和谐的情况下，管理者更应该找出和谐下的一些竞争或者一些矛盾。在解决员工之间的矛盾时，首先要搞清矛盾与冲突是由什么引起的，只有找到了原因，才能对症下药地解决矛盾与冲突。其实造成员工之间产生矛盾的原因有很多，例如：

第一，处事策略引起的不愉快甚至矛盾。每个人的处事方法和策略都会不太相同，如果这些差异得不到有效的调和，便会导致矛盾。

第二，责任归属不清导致矛盾。部门的职责不明，员工个人的职责不清，这也是造成矛盾与冲突的常见原因。

第三，个人情绪引起矛盾。例如，有些员工当天遇到一些事或者家里有一些问题导致其心情特别差。同事在不知情的情况下，一个玩笑就可能激起矛盾。

第四，争夺有限的资源引发矛盾。如果企业的资源有限的话，那么这种稀缺性资源在很大程度上就很容易导致员工之间进行争夺，这种争夺可能会是各种形式的。这在一定程度上会导致一些矛盾和冲突。

例如，公司有意要提拔一位员工晋升为主管，但是还没有决定这个人选。在得知这一消息后，员工为了获得这次晋升机会，不惜明争暗斗，这样就很容易导致矛盾冲突。管理者遇到这种情形时，可以开诚布公地宣布：大家要公平竞争，如果有人暗中使坏，用不正当手段争夺，一经发现，使坏者将承担后果。

第五，利益不一致引发的矛盾和冲突。引发冲突的常见因素之一就是利益不一致。利益冲突体现在以下两方面：一方面是直接利益冲突，如待遇不公平；另一方面是间接利益冲突，如培训机会不公平。

第六，角色冲突。角色冲突是什么？指的是在企业中，员工对自己的角色定位不明确，或因员工没有认清自己的角色定位引发的冲突。例如，销售部的主管在未得到总经理授权的情况下，接手行政部门的工作，导致两个部门起冲突。

无论员工之间的矛盾冲突的缘由是什么，管理者在解决时都应该学会倾听。倾听是了解矛盾冲突最快的途径，也是安抚矛盾冲突双方情绪最有效的手段，在倾听的基础上，再进行公正的处理，巧妙地协调矛盾冲突的双方，化解双方的矛盾冲突，使彼此握手言和。

需要注意的一点是在面对员工之间的冲突时，管理者不能置身事外、不予协调，也不应该直接批评、处罚冲突中的一方，而要保持公正的姿态，顾及双方的颜面与感受，给彼此一个体面的台阶，让彼此化干戈为玉帛。这样既能轻松化解双方的矛盾与冲突，又能显示你的权威性，使你赢得下属的尊重。

事实上，任何一家企业，无论成立的时间有多久，规模有多大，都不可能一帆风顺。也许从表面上看一片祥和，风平浪静，但是内部暗潮涌动，你争我斗，这样的话，矛盾冲突终有一天会爆发。所以管理者必须要结合实际情况，采取措施，使员工进行公平公正的竞争，而不是暗地里你争我斗，这样，才有利于员工之间处于正常的合作关系，也有利于员工和企业的发展。

培训说起来重要、办起来次要、忙起来不要

湖北武汉的费总最近跟笔者聊起一个现象，就是公司虽然在稳速发展，但是在发展的过程中呈现出的一个现象就是这些员工显得后劲不足，好像跟不上企业的发展。笔者就问费总是不是企业里没有系统的员工培训，费总说："培训当然有了，但是培训的结果总是差强人意，并且有时候公司一忙起来，哪还有时间和精力对员工进行培训，有这个培训的时间，基本上都会让他们休息以及开展下一个活动。"听了费总的话，笔者就明白了，费总是那种典型的认为培训就是说起来重要、办起来次要、忙起来不要的管理者。

很多管理者都会有费总这样的想法，就是培训的效果不好或者效果不显著，还浪费了时间、人力、财力以及精力，干脆就不对员工进行培训。管理者首先要意识到培训的重要性，此外，在开展每一场培训的时候，都应该明白这一场培训的目的是什么，培训的内容是什么，要采取什么形式进行培训，要达到什么样的效果等，只有如此，才会达到理想的培训效果，才会促进员工不断成长，与企业一起发展。

管理者要认识到培训的必要性。

实际上每一位管理者都能够意识到对员工进行培训是一件非常重要的事情，但企业内部培训是需要付出一定的人力、财力、时间以及精力的，且有时候会和企业的工作产生冲突。所以对员工进行培训也就成了说起来重要、办起来次要、忙起来不要的一个问题，不进行培训就导致很多员工无法系统地接触到新事物、新观念以及新方法，自身的素质和能力也无法提升。其实，这就是企业被眼前的利益所羁绊，没有看到企业长远发展的需要。

梯子梯阶的作用从来都不是用来搁脚的，它只是让人们的脚放上一段时间，以利于另一只脚更好地往上登。对员工进行培训的意义也是如此，培训就相当于一把梯子，所以对员工进行培训是一笔划得来的投资。

很多管理者都能意识到培训很重要，那是因为培训对于员工的成长来说有很多帮助，下面主要介绍一下培训的几点益处：

第一，对员工进行培训有助于促进员工归属感和主人翁意识的增强。如果企业管理者对员工培训这方面很重视，在财力、物力以及时间等方面很大方的话，就能吸引员工，员工也就会更加积极地投入工作，为企业创造更多的效益。

第二，培训能促进企业与员工、管理人员与员工之间的双向沟通，有利于塑造优秀的企业文化，有利于增强企业的凝聚力以及向心力，从而培养员工的革新精神、敬业精神以及社会责任感。

第三，对员工进行培训能够促进员工综合素质的提高，进而有利于促进生产效率以及服务水平的提高。员工综合素质的提升也有助于树立良好的企业形象，提高企业的营利能力。

第四，对员工进行培训使员工和企业对于市场变化能够更好地适应，有利于增强企业的竞争优势，培养企业的后备力量，促进企业保持经营的生命力，是促进提高企业"造血功能"的根本途径。

可以说，企业对员工不进行培训就是坐以待毙，但方向错误、内容陈旧、方式方法老套等的培训只会增加企业的负担，并且达不到理想的效果，更有甚者，会导致员工厌恶培训。

管理者可以从以下两方面入手解决这个问题：

1. 注重培训的内容和方法

企业重视员工学习和成长是一件好事。但如果培训的内容和培训的方法并不适合本企业的员工，不顾企业的实际情况、员工的实际需求而走过场的话，为了培训而培训，不仅不会实现理想的培训效果，还会让员工反感、厌恶，弄巧成拙的例子不在少数。

真正能够促进激发员工兴趣和热情的学习，不仅是高效的，而且是快乐的、适合的，也是能够被员工快速接受和执行的。实际上每一家企业、每一位员工在发展的不同阶段，都会遇到各种问题，并且这些问题在发展的不同阶段也是不一样的。如果不对这些问题进行深入的分析与调研论证，就仓促地对员工进行一些培训，让所有的员工依据同一个模式来学习的话，培训内容是很难被员工真正消化的。

在致力于提升员工学习力的过程中，画虎不成反类犬的结果比比皆是。企业为了能够促进员工成长，投入了大量的财力、物力以及时间让员工去学习，但员工却不领情。最终呈现的结果就是学与不学一个样、培训前与培训后一个样。这就是企业的管理者选择的学习内容以及方法与员工希望得到的培训的内容和方式方法之间的一种错位。

实际上影响员工对培训的兴趣的重要因素之一就是培训的方式与内容。有些问题，如果培训师自身都不能做到明确，而是模棱两可，他就不可能给员工一个很好的说法，更不会取得员工的认同。既然员工都消化不了培训的内容，那么企业又怎么能指望员工能够将其传递给消费者呢？

很大一部分员工一提到培训就愁眉苦脸，对培训有一种反感厌恶的情绪。为什么会出现这样的结果呢？就是因为员工觉得这个培训对于他们来说不仅没有任何作用，反而占用了他们的时间和精力，他们还要花费时间和精力来应付这场培训，最终只会加大他们对培训的反感和厌恶的情绪。

在上文中，笔者已经说过在企业以及员工的不同发展阶段，所呈现出的问题是不一样的，除这个因素外，还有一个因素也是培训者需要注意的，就是一个企业中涉及到很多领域和专业的员工，所以对于公司中的所有员工不能进行一锅煮。需要根据员工的具体情况进行不同的培训，不能所有的员工不分具体工作统一进行员工培训或者某一专业知识的培训，也不能不管新员工、老员工之间的差别统一进行企业制度等方面的培训等。此外，培训师在培训时一定要注意调动这些员工的主观能动性，不能对培训对象的反应和感受视而不见，一味地对员工进行填鸭式培训，这样不仅不会起到任何好的效果，反而会背道而驰，引发不好的效果。

企业对员工进行培训时，需要对培训的内容和形式进行思考和选取，下面来具体介绍一下对员工进行培训时的内容和方法。

关于培训内容方面，不能让培训形式化。例如，要有各种专业性较强的管理培训，如销售管理、财务管理等；在课程体系中，不仅要包括战略性的、理论性的高层培训，还要包括很多具体操作岗位的技能培训，如销售技能、生产技能以及设备维修技能等；传统文化讲座，如儒家文化、道家哲学以及利他价值观等；有开阔员工视野的专题讲座，如信息化讲座、企业文化、品牌等。

上述介绍了一些培训内容，实际上培训的内容是非常重要的一部分，培训方法也是非常重要的一部分。很多培训者在对员工进行培训时完全不注重培训的形式，只是一味地进行填鸭式、我讲你听式的培训，这样的培训方式无论对于企业领导、培训师还是员工来说，都不能取得理想的效果，更有甚者会让员工反感、厌恶培训。如果培训师根据培训对象采取了恰当的培训方式，就会促进员工很快地融入到培训过程中，还能在培训中学习到培训者想要传达的一些知识，并能将这些知识经过自己的理解转化给客户。

例如，企业对新员工进行入职培训时，在内容方面可以包括企业的基本结构以及制度，还可以包括企业领导以及部门的愿景、职责等，每一位参加培训的新员工，在听到自己的直属领导以及自己所在部门的叙述时，一定会更加投入到培训过程中。

在对销售部的员工进行培训时，可以将这些员工分成若干小组，通过以小组为单位计分的形式，让这些员工融入到培训过程中。同时，培训者在提出问题的时候，可以具体到他们的工作细节中，包括一些销售技巧、销售话术等，让员工们踊跃回答问题，不仅使他们融入到培训过程中，也促进他们之间的相互交流和学习。

合理的培训内容和方式不仅能让员工融入到培训中，最终所取得的效果也一定是理想的。

2. 注意培训的误区

开展每一场培训都要提前制定好培训目标、内容和方式等重要事项。此外，还要注意以下误区：

（1）培训跟着流行趋势走。

有些培训师在开展培训时并未依据企业的实际情况以及员工的具体情况，而是跟着流行趋势走。例如，圈内流行工作态度方面的课程，就展开类似的培训；

流行岗职岗责方面的课程，就马上执行相关培训项目；流行执行方面的课程，就马上执行该培训项目……如果培训师不结合企业的实际情况、部门以及团队员工的具体情况，只是跟着趋势走，表面上看起来培训是热火朝天的状态，其实是无的放矢，取得的效果并不会那么理想。

培训者在对员工开展培训时要结合企业以及部门短期、长期发展的需要，结合培训与部门、组织长期发展目标以及员工的生涯设计，在满足具体需求的基础上有针对性地进行，这样才能真正取得理想的效果。

（2）把相关培训做好就行了，谁来进行无关紧要。

许多管理者认为把相关的培训做好就行了，让谁来进行培训是无关紧要的事。但是笔者要指出的是这种观点是错误的，由谁来进行这场培训是一个非常重要的问题。培训师工作并不是在培训的那短短几小时或者几天，而是需要在培训开展前就对培训对象进行分析，包括培训对象的特点及其所在部门的具体情况，在深入细致分析的基础上，才能够设计出针对性较强的培训课程。在培训结束之后，还要对培训效果进行科学的评估以及跟踪，不断完善设计。只有完成这些，才能取得事半功倍的效果。

（3）培训对企业而言是一种成本负担。

在很多管理者看来，培训是一种成本，这种成本包括人力、物力、财力以及时间，可以说成本是非常高的，但是收益却很难看得见、摸得着，所以很多管理者就会本着能不培训就不培训、能省则省的原则。当企业预算不足或者处于很忙的状态时，就会能减少培训就减少培训或者干脆不进行培训。

但是在此笔者要强调的是，培训是一种可以获得回报的间接投资。当然，合理的培训是前提。通过培训的员工，技能以及综合素质得到提升，从而促使他们提高工作效率，就会加大经济效益的产生，这种效果是无形的、潜移默化的。

（4）培训是解决一切问题的灵丹妙药。

还有些管理者认为培训可以解决企业的一切问题，是灵丹妙药。一旦遇到问题，这些管理者的第一反应就是培训，通过培训来解决这个问题。虽然通过培训确实可以解决一些问题，如提高一些技能、技巧，但是有些观念和知识并不是通过一时的培训能够改变的。

（5）培训就是为别人作嫁衣。

很多管理者对员工不进行培训的重要原因之一就是担心把这个员工培养成才了，员工却弃公司而去，甚至跳槽到竞争对手的企业中。出于这种担心，很多企业领导者不愿培训员工。

每一个行业都有一定的经营成本，而人员流动是企业必须承受的经营成本之一，是不能回避的一个问题。管理者应该以正确的态度来面对员工跳槽这个问题，多从企业福利、制度、沟通等方面来考虑人员流失这个问题，看看在这些方面企业是否为员工创造了一个良好的工作环境，如企业福利是否满足员工的需求、制度是否合理、部门与部门以及员工与员工之间的沟通是否流畅等。如果这些答案都是否定的，那么管理者就可以从这些方面入手，完善这些方面的内容。如果这些答案都是肯定的，仍会出现员工流动的现象，说明这种流动属于正常流动，一般比例不会太大。此外，管理者还应该注意到这样一件事情，尽管会出现花费很大心血培养的员工最终跳槽的现象，但是管理者也应该发现自己企业中也有从别人公司跳槽过来的员工，这些员工肯定也是被人花费很多心血培养的优秀人才。因此，对员工进行培训这个事情，管理者应该以开放的态度去对待，因为大家的机会都是对等的，而且如果企业能够提供给员工成长的平台以及发展的空间，笔者认为会离开的员工应该也不多。

（6）培训应该是人力资源部负责的事情。

有很多人力资源部之外的部门领导认为：无论工作中出现的大问题还是小问题，都是人力资源部的事情，为什么会有这种意识？是因为某个员工出现问题是该员工能力不够、胜任不了，那么这样的员工为何人力资源部会招进来，又是怎么进行培训的？很多管理者会有这样的想法。实际上每一个部门的管理者都有义务带领本部门的员工成长，也有培训员工的责任。

作为一名管理者，首先要意识到对员工进行培训这件事的重要性，其次要把这件事真正落实到实际工作中，再次要注意培训的内容、方式方法等，最后要对培训的效果进行追踪、评估和分析，以利于下一次培训。实际上培训的最终目的是为了员工能够与企业一同发展、能够成长，而不是为了培训而培训。所以管理者要真正意识到培训的作用以及重要性。在对员工实施培训的过程中，还要避免以下误区：培训跟着流行趋势走；把相关培训做好就行了，谁来进行无关紧要；培训对企业而言是一种成本负担；培训是解决一切问题的灵丹妙药；培训就是为别人作嫁衣以及培训应该是人力资源部负责的事情。

员工培训不是越多越好

云南昆明的穆总很喜欢给员工进行培训，是个十足的"培训迷"，他认为员工必须要不断学习新思想、新技能，公司才能不断发展。每隔两三天就对员工进行企业培训，主要内容就是针对职业技能方面的培训。穆总团队的员工一听到要培训，就一片怨声载道。员工小陈说道："我们公司总是在做企业培训，也不知道有什么可培训的，我来公司都 5 年了，哪儿还有业务我不懂啊！还培训我们这些老员工干什么啊，能把业务干好就行呗！"有一次笔者去穆总团队调研，正巧赶上穆总在给员工做培训，足足四个小时的培训课程，穆总一个人在场上"滔滔不绝"，笔者和很多员工都昏昏欲睡。穆总每次在培训结束之后都会说："管他什么培训，对员工培训越多越好，这样他们才能成长！"

管理者要认识到以下几方面的内容：

1. 员工是培训的主体

管理者必须要明白培训的主体是员工，要发挥员工的主观能动性。但很多企业的管理者进行员工培训时都直接忽略了员工的诉求，这就导致有一些自诩从业多年的老员工认为自己对公司的业务都很熟悉，不需要进行培训，所以对待培训很消极。还有一些业绩能力很强的员工也会说自己业绩在全公司都名列前茅了，什么业务我不熟练？什么技巧我不知道？还需要培训吗？重要的是还进行考试，你说我们也不是学生了，做培训就是形式主义工作！还有一些中层管理者，他们认为自己的工作能力已经能够独当一面，更会大言不惭地说道：不需要进行任何培训。

管理者对上述员工进行培训的话，你认为会收到理想的效果吗？实际上员工是培训的主体，管理者给员工进行培训的目的也是为了能够促进员工的成长，如果员工都是抱着这样的态度进行培训的话，笔者认为不仅不会收到理想的效果，反而会引发一些副作用。

2. 培训的重要性

管理者要明白培训的目的是为了促进员工成长，让他们学习到新的技能、新的思想，学习企业的制度、企业的文化等。事实上中国有句俗语叫作活到老学到老，每一个人都需要不断地学习，才能不断地进步。给员工进行培训可以完善员工的工作技能，激发他们的内在动力，提高他们的工作热情。同时，通过培训可以让他们认识到自己工作中存在的不足。培训是提高企业竞争力的重要手段。

3. 企业培训存在的弊端

（1）培训知识体系陈旧。

很多企业都没有定期更新培训知识，很多都是以前总结下来的知识。造成的后果就是员工有着很强的抵触心理，如"这样的培训一点儿效果都没有""培训就是浪费时间"。

对于任何行业来说，管理知识都是在不断更新、递进的过程，只有员工不断革新自己的思维模式和知识体系才能不断进步，才会有好的业绩。例如，每个销售型团队都有销售话术，但是仅仅一套话术就能够适合一切客户吗？如果出现不能适应的状况该如何解决？所以，管理者要不断增加新的培训内容，不断完善培训知识体系，只有如此才能适应企业发展的需求。

（2）忽视了员工的主观能动性。

很多企业培训师或者管理者在给员工进行培训时，都是单向式的传播。培训过程中只有培训师一个人在不停地讲，根本不考虑员工的感受。更有甚者，培训师直接拿着培训资料，照本宣科进行阅读，也不与员工进行任何互动，忽视了员工的主观能动性。很多员工在接受培训时的状态就是"左耳朵听，右耳朵冒"，甚至直接不听，一直在神游，这样的培训是没有任何效果的。

解决方法如下：

（1）培训的主要内容。

关于这方面在上述案例中已经叙述到，在此就不再进行赘述。

（2）针对不同的人设计不同的培训计划和方式。

培训就是针对员工来进行的，如果不针对具体员工，而是老员工与新员工、基层员工与管理层员工都采取一样的培训内容及方式，则收不到任何效果。

如很多老员工觉得自己对于业务这一块没有任何问题，培训就是浪费时间……这种类型的员工心态普遍比较浮躁，抵触心理比较强。所以管理者必须要单独制定符合老员工特点的培训内容以及培训方式，指引这类员工的未来发展方向。例如，培训计划中侧重管理知识的培训，减少基础职业技能的知识，引导老员工向着管理层方向发展。

对新员工进行培训的时候，要让员工了解公司的企业文化、组织架构、制度、部门职责等。如果新员工出现不懂的地方，身为培训人员必须要对其进行科学的指导，达到言传身教的效果，让他们能够更好、更快地融入到企业中，为公司服务。

（3）用多种手段进行培训。

在培训的过程中，最忌讳的一点就是培训师一人从头讲到尾，或者是拿着资料照本宣科地阅读，这种形式的培训只会引起员工的不满。

管理者在培训过程中要采取多种手段以及形式进行培训，告别那种传统的培训形式。身为管理者能否开动自己的脑筋，采取更加灵活的手段以及形式进行培训呢？

随着时代的发展、社会的进步，管理者可以使新媒体成为企业培训的主要渠道。例如，可以在微信群进行现场培训，这样的培训方式将空间的限制打破了，使得每个人在任何地方都可以接受培训，可以让表现不好的员工发个红包给全体群成员，以作惩戒，这种寓教于乐的方式不仅方便、灵活，而且能够让员工在轻松的心态下接受培训，便于知识的传播。

管理者要充分利用培训的机会，调动起员工的兴趣，激发员工的动力，使他们获得成长，让他们以更大的激情以及更强的能力服务公司。如果管理者没有对培训内容以及培训形式进行科学的设计，根本不会达到你想要的效果，反而会引起员工的反感，这都不利于员工个人的成长以及企业的发展。

带领团队进行户外拓展训练

江苏昆山的徐总跟笔者说销售部的员工最近死气沉沉，整个团队呈现出的状态只能用萎靡这个词来形容。徐总说："我知道销售部的员工压力都比较大，所以考虑到这一点，为了能够更好地帮助他们缓解压力，提高团队的凝聚力，我都会定期安排他们进行一些活动，如组织他们去看电影、唱歌等，虽然他们也开心了，但是总感觉没有触及他们的内心，真是头疼。"

笔者就跟徐总说，销售部的员工一般都比较有活力，可以尝试挑战性更高的活动，如户外拓展训练。徐总听了笔者的话，反问笔者："有必要带领团队进行户外拓展训练吗？"笔者非常肯定地回答他说："有。"

这种活动真的有效吗？

管理者一般都会想着为员工缓解压力，让员工轻装上阵，使他们以更积极、更热情的状态投入工作，所以也会采取一定的方式来为员工排解压力。但是往往管理者容易忽视的一点就是这种形式的活动真的能够排解员工的压力吗？如上述案例中徐总安排的看电影、唱歌，笔者认为不是所有的员工都能融入到看电影以及唱歌中，这样的活动对于员工来说能够起到作用吗，笔者认为答案应该是否定的。

管理者在面对拓展训练时，可以从以下几方面入手：

1. 户外拓展训练的好处

（1）使团队获得更高昂的士气和战斗力。

在野外拓展训练中，当一个人面对高难度项目以及高空体验时，是无法用自己的力量来完成所有的课程训练的。团队中其他成员的呐喊与支持将成为他们完成自我挑战的决定性因素。当每一位员工将训练科目成功完成时，就会产生一种成功的满足感以及与团队共同努力获得成功的成就感。每个员工会从心底感谢团队中其他成员给予的鼓励和支持，感谢队友的关怀。这时候整个团队的士气与战斗力是在办公室里从来都没有过的。

（2）降低员工的流失率和流动率。

每一个人都渴望在公司能找到归宿感。员工在进行户外拓展训练的过程中，会得到团队中成员的鼓励和支持，不管这名员工能否成功完成这项拓展训练项目，都会从团队中体会到一种归宿的满足感，会为自己在这个集体而感到自豪。经过这样的团队建设后，会加强团队的凝聚力，从而降低员工的流失率以及流动率。

（3）进行更和谐的沟通。

在进行户外拓展训练时，员工之间可以进行深度接触，包括身体上和心灵上的接触，这就使他们之间距离贴近，减少距离感，引起各方的共鸣，达成默契。就像男女双方在音乐旋律下跳舞，当双方接触不到时，步调很难达成一致，但随着双方的直接接触，达成一致的步调就非常容易。拓展训练可以让员工深切地感受到沟通的重要性。

2. 培训课程的选择与安排

（1）个人的挑战项目。

团队建设的进行并不意味着只需要进行团队项目就可以了，其实团队建设的良好契机往往是个人项目的进行。

一方面，个人项目的进行有助于培养员工的意志力与品质。"当你要放弃的时候，其实离成功已只有一步之遥了。"在关键时刻影响一个人成功的重要因素往往就是意志力，它可以帮助员工完成跨越目标的关键一跃。因此，员工的意志力与品质的培训应该放在首位。

野外拓展训练有很多项目能够挑战个人的心理，如断桥、攀岩、空中单杠等个人项目。

另一方面，团队中员工彼此之间的鼓励与支持有利于团队凝聚力的增强。在个人项目中，个人需要完成的规定项目都是在所有员工的关注下进行的，团队中其他员工的目光以及加油声都可以成为每个员工前进的动力。在这样浓厚的感情支持下，每个员工都会尽自己最大的努力来完成每一个看似不可能完成的项目。员工在众多队友的帮助下会体会到实际工作中的困难并不像想象中的那么难。只要生活在集体中，力量是无穷的。

例如，空中单杠项目，要求每个员工爬上 8 米高的柱子，站在半径为 30 厘米的圆盘上飞身向前跃出，并抓住面前的单杠。这个项目可以培养员工面对挑战与困难的勇气。

（2）双人项目。

在拓展培训中，也可以进行双人项目，双人项目是一个过渡项目，它可以有效地连接个人与团体，如同纽带和桥梁的作用。双人项目中有天梯、高空相依等。在双人的高空配合中需要双方彼此的信任和依赖。例如，高空相依项目，要求两个员工手掌相抵分别站在两根钢缆上，从一端走向另一端。通过这个项目可以使参训的员工体会到信任，体会到人就是相互支撑的。此时，每个人会深刻地意识到信任同伴的重要性，这时你需要将自己的生命与安全交付给你最相信的人。双人项目的进行有助于员工对团队中的每个同伴产生信任与依赖，这为团队建设提供了良好的保障。

（3）团队项目。

通过参加团队项目能够有效地提高团队的凝聚力，增加彼此之间的信任与依赖。

一方面，员工通过团队项目也可以体现个人的能力。打造团队是拓展培训的宗旨，每个项目所要达到的目标就是提高团队凝聚力。但是这不等于团队项目就是所有人的责任，如果责任是所有人的，那么等于是每个人都没有责任。因此，团体项目仍是个人能力的体现，个人的身体素质、组织能力、团队精神以及领导能力可以在团体中发挥到极致。团队项目以个人的努力为基础，团队不可或缺的元素就是个人。

例如，海上求生的项目，员工面对一个 4 米高的墙，项目场景设置是大家被困在一艘轮船上，需要在 40 分钟之内全部逃生。成员能够成功就是需要彼此的帮助，可以用肩膀搭起一座人坡，彼此支撑，团结一心，才会取得成功。同时，在这个项目中，大家是有独自逃生的机会的，但成员们还是选择相互帮助，充分反映员工的奉献精神。

另一方面，团队项目可以体现团体目标一致的重要性。例如，有轨电车项目，可以很好地对团队纪律以及协调性进行训练。两根长木条，要求每个队按顺序排成一纵列，每个人左脚放在左边的木条上，右脚放在右边的木条上，双手抓住左右两边的绳子，统一行进。

此外，培训师可以有意识地把企业的文化与企业的精神传达给每一位员工，让他们意识到团队整体行动的重要性。

管理者如果想要释放员工的压力，提高员工的斗志以及团队的凝聚力，可以选择进行野外拓展训练，无论是对员工个人来说还是对整个团队来说，进行野外拓展训练都是非常必要的，因为野外拓展训练不仅能够训练员工个人的意志力、勇气，还能提高团队的凝聚力，增强员工的归属感。

第三章

团队裂变之任人唯贤
——你行你就上，否则就被取而代之

随着科技的进步、社会的发展，人才的竞争日益成为企业关注的焦点。实际上企业的核心竞争力就是人才。企业需要高科技的产品，要满足客户日益增长的服务需求，就需要有人才作为支撑点。

但是很多企业老总对人才并不重视，不重视团队的繁殖，更别说对招来的员工进行系统的岗前培训，导致很多员工的潜能得不到开发，尽管也是在公司工作，但却没能为企业创造更多、更大的价值。

企业管理者应该重视团队的繁殖，并且注重培养人才，保持企业提供人才的持续性。

任用年轻人

江西赣州的顾总用自己多年的积蓄到赣州开设了一家建材店。经过几年的经营，企业有了一定的规模，顾总就想把生意扩展到江西省另外一个城市九江，所以想派一个得力的干将去负责九江市场的拓展。

这是一个很重要的职位，很多人想去。并且，这些人都是他在企业发展过程中一手培养出来的人才，可以说都是公司的主力。其中，有一名很年轻的员工小杨用他过硬的业绩获得了顾总的关注以及好感。虽然他的资历尚浅，但最近一年来表现出了非常强的工作能力、管理能力，以及对市场的眼光也非常敏锐。所以顾总就找小杨谈话，对他许下了让他去九江的承诺，在公司内部也通报了这件事。小杨很高兴，花了半个月的时间对九江的市场做了详细的调查，还写了几万字的市场分析报告，呈报给了顾总。但这时，顾总突然产生了一个顾虑，他怕这名年轻人由于经验不足把事情搞砸，使这么大的一笔投入化为泡影。因此顾总改变了主意，转而任命另一位在公司里待的时间比较久、年龄比较大的老华去负责九江的业务。

消息一出，小杨非常失望。这件事情在公司里引起的反响也非常大。这件事也表明了顾总对小杨还不是那么信任，只想重用那些"自己人"。于是，小杨选择了离职，同时还带走了公司好几名比较重要的员工。结果，企业的九江拓展计划最终还是没有成功，而小杨自己去九江开了一家建材店，经过一年多的发展，已经在九江小有名气，马上就要设立自己的第二家、第三家门店，俨然对顾总形成了挑战。

听说了这件事以后，顾总的肠子都快悔青了。

针对上述现象，管理者可以从以下两方面入手解决问题：

1. 管理者的信誉

日本管理学家秋尾森田曾经说过一句话："一个不守信用的人，就如同酩酊大醉的酒鬼，满嘴都是胡言乱语。这样的人最后只能引来怀疑和嘲笑。即使他清醒过来，也不会有太大的改变。"

作为企业的管理者，信誉往往成为其树立威信的关键，一个没有信誉的管理者，会因失去员工基础而成为孤独的管理者。信誉甚至比一个人的能力还要重要，有能力而无信誉的管理者，即使作风强硬也无法赢得员工的信赖。而一个有信誉的管理者，即使他在管理上还有欠缺，仍能赢得员工的尊重，更容易激发员工与管理者之间的信任关系。

从心理学角度而言，守信是一个实现对方期望的过程，当管理者给予员工承诺之后，员工就会对承诺产生期待，进而产生积极的情绪。一旦管理者的承诺没有兑现，就会失信于员工，员工的期望就会变成失望，这种巨大的情感落差会使员工对管理者失去好感。这对管理者形象的影响将是毁灭性的。

2. 年轻人的特点

如果说一个企业在创业之初需要一些忠心耿耿、与企业同甘共苦的员工，那么随着企业的不断发展，单凭这些老员工显然已经满足不了企业的发展。这时候企业就十分需要年轻人的活力、闯劲以及创造力。

激情与活力是活跃企业氛围、激发企业发展的动力，而年轻的员工在这方面就是比老员工拥有先天的优势。相对于企业中老资格的员工，新员工更有活力，更有激情。在日益变化的当今社会，企业的发展如果只依赖那些老练与稳重的员工，还不足以立于不败之地，以创新为前提的创造力才能使企业更能适应市场发展的需要。往往年轻人更能胜任这一点。

年轻人精力旺盛，工作效率高。并且他们刚刚接受完高等教育，虽然在社会阅历方面显得稚嫩，但在学科的涉猎范围以及对消费者需求动向的了解上，往往比老资格的员工更具有发言权。在知识方面，他们的理论基础已经达到了一个很高的程度，在消费群体的把握方面，他们更能感受到其消费意识的转变。

还有许多岗位往往更适合年轻人，如需要花费精力大、需要效率的岗位，很多老员工时常胜任不了。这样的岗位，没有旺盛的精力、体力与智力，没有日理万机的工作效率，是不能想象的，而年龄较大的员工就缺少这些。

道理就是如此简单，年轻是一个人的资本，有才能的年轻人就是一个企业发展的雄厚资本。保持企业活力与激情的简单法则就是管理者不拘一格地大胆起用年轻人。

作为一名管理者要有信誉，对待员工要说到做到，这才有利于在员工中树立威信，有利于管理工作的开展。另外，管理者也要大胆起用年轻人，因为有能力的年轻人往往更具备热情与积极性，其精力与体力相比老员工来说也更胜一筹。此外，相比老员工，年轻人的创新能力会更好，而企业更需要活力、热情，管理者何乐而不为呢？

升职却被怀疑靠关系

福建福州的叶总跟笔者聊天，谈到他的侄子小叶升职的事情让他很苦恼。苦恼的是因为侄子从人力资源部的一个员工提拔到了人力资源部的主管后，背后总有些闲言碎语，甚至有人直接到他办公室反映这个事情。这些议论让他很闹心：

"刚工作两年，就做了部门主管，真是匪夷所思……"

"叶总要是我叔叔，那我还在这儿干几年？恐怕早就是部门主管了……"

"还不是因为他是关系户……"

实际上，小叶也是蛮委屈的，虽然叔叔是公司总经理，但他都是靠自己的能力进入公司和升职的，和领导是不是他叔叔没有关系。

在公司里，和他差不多年龄的同事中，他不仅是仅有的几个拥有工商管理硕士学位的人之一，并且提出了一系列改革建议，给公司增加了活力，带来了勃勃生机。

叶总说："怎么大家的眼睛都盯着他是我侄子呢，他做的成绩也是显而易见的啊！"

笔者跟叶总说："实际上，小叶并没有什么错，你也不需要苦恼，因为无论升迁还是处罚，都是要有一定的考核机制的，并且这个考核机制应该是所有员工都了解的，考核标准也应是统一的，考核结果更需要公开公布。考核结果在如此公开透明的考核机制下出来是最具有说服力的。"

与管理者有血缘关系的员工的普遍心态有以下几种：

（1）怎么干都可以，老板都是自己的亲戚，还能把我开除啊？

（2）即使业绩差一点儿，犯了一些小错误，碍于面子，也不会批评我的。

（3）我升职加薪是因为我的工作能力强，能胜任新职位。

以上的种种现象就是家族式企业会面临的问题，由于血缘"关系"的存在，不敢处理，也不能处理，即使处理了也不会重罚，以免伤了亲人朋友的和气。有的业务能力强，升了职也会遭到公司其他员工的议论。

其实，无论是升职还是处罚，都需要一定的考核机制，当考核结果下来时，决不能因为"关系"，就不去执行，否则这样的考核机制也形同虚设，起不到任何作用。如果考核结果下来后，根据考核机制进行处理，那么员工对考核工作就会持合作的态度，对产生出来的考核结果也会理解和接受。

管理者可以从以下几方面入手：

1. 考核标准一定要公开

考核一定要有考核标准，要让员工知道自己是不是在考核之列，另外，也提醒了一些不符合标准的有想法的员工，让他们自己知道走后门也是无用的。

很多公司年终都有年会，对一些绩效做得高的同事进行奖励，也评选出年度好员工。南昌的一个公司在年会的前大半个月就会把一些评比标准张贴出来，如绩效超过××万元、完成项目××个、迟到请假多少次等，通过这些具体的考核标准，使员工明白考核的点在哪里，同时也清楚自己能不能入选年度好员工。

2. 考核结果一定要公开

尽管是依据考核机制出来的考核结果，但还是会出现小部分员工对考核结果不满的状况。为了防止这种状况的出现，有些公司会采取考核结果不公布的做法，员工并不清楚考核结果如何。

实际上，考核结果需要让员工知道。如果考核结果不公布，员工会对考核的真实性有所怀疑，甚至对上级的公正性也会怀疑。如最终哪些员工以什么样的结果在薪酬上、奖金上、培训机会上等有机会，这些都需要公开公布。与其等一切尘埃落定了，到最后谁也说不清楚，还不如一开始就把这些公开透明来得方便。

另外，考核结果公布的另一个目的就是对员工进行激励。通过这个考核结果，能及时地将员工的工作绩效反馈给员工，每一位员工可以清楚地看到自己的工作情况，也能清楚其他同事的工作情况，既可以看到与第一名的差距，也能看到自己处于什么状态，干得好或者一般甚至不好。如果员工在长时间内对自己以及同事的工作状况并不清楚，实际上是不利于员工发展的。

3. 申诉渠道要畅通

如果员工对考核成绩存在非常大的意见，就有可能要申诉，这是一件很正常的事情。事实上，企业应该为员工建立提意见的渠道。如果没有反馈意见的渠道，员工反而会采取一些其他的措施，如背后议论，把意见藏在心里，在工作中发泄。这些都是管理者不愿意看到的，所以申诉渠道一定要畅通。

人事经理在对考核申诉进行处理时，要将精力集中在两方面，即申诉渠道和申诉程序。人事经理要保证申诉公开、公平、公正地得到处理。最终的决策权，人事经理本人是没有的。人事经理可以从以下几方面进行处理。

（1）申诉人以书面形式进行申诉报告，列清为什么申诉、申诉什么等。对于申诉人提交的申诉内容，人事经理需要予以验证，以确保其是真实的、可以进行申诉的。

（2）人事经理验证后，要组建"工作述职评审小组"，小组成员可以由公司的常务副总，其他与该员工工作交往的总监、部门经理等组成，但是为了申诉的公平性、公正性，该申诉员工的直线经理不能参与该小组。

（3）召开工作述职评审会议。申诉人可以尽情阐述自己的想法。然后评审小组进行提问，提问内容可以是工作上的细节，也可以是一些事情的观点等。

（4）最终考核由小组成员来评定。

需要注意的是，在整个申诉的过程中，对员工一定要予以尊重。表面上是公司对员工申诉的重视，实际上体现的是公司对员工本人的重视。

无论是"有关系"还是"没关系"，都要依据工作业绩来评定其升职与否，需要一定的考核机制，且一定要注意以下几点：①考核标准要公开；②考核结果要公开；③申诉渠道要畅通。公开性、透明性的考核制度一定会让员工理解并接受，且能激励员工，不断向前努力。

知人善任的管理

小李是一家公司新来的助理，负责整理、撰写以及打印各类文件材料，她每天的工作时间也都被这些琐事充斥着。小李的工作在很多人的眼里不仅单调而且乏味。但是小李不这样想，她认为这份工作很有意思。小李认为检验工作的唯一标准是你做得怎么样，好还是不好，是否已经尽职尽责，并不是其他的。

小李每天都重复地做着这些琐碎的事情，但是工作一段时间以后，她发现公司的文件存在的问题很多，在经营运作上也有问题。所以，每天她将本职工作做完后，还会认真地收集一些资料，包括已经过期的材料。她把这些收集到的资料进行分类整理，并阅读、查询了很多与经营相关的书籍，分析这些资料，然后写出了一些建议。她将分析结果、建议以及相关资料一并交给了她的老板唐总。起初唐总也没怎么在意。在一次偶然的机会下唐总看了小李的那份建议。唐总大吃一惊，这个刚来的新助理让他刮目相看，居然有这样缜密的头脑，而且分析很细致，有理有据。唐总决定采纳小李提出的建议。

唐总对自己这几个月埋没小李的事情也进行了反思，唐总意识到自己在知人善任这方面做得并不够，以小李的能力远远不止能做好助理这项工作，她还可以做更具挑战性的工作。从此，唐总开始对小李另眼相看，并逐渐委以重任。

在企业管理中，每个员工都有自身的闪光点，而真正的人才又以不同的形式、不同的身份隐没在企业中。管理者要从人群中将"人才"与"愚才"区别开来，或者将"愚才"变为"人才"。这对于每一位管理者来说都不是一件简单的事情，因为这不仅需要管理者花费时间和精力在员工的身上，还需要管理者有一双火眼金睛，具备"知人善任"的能力。

什么是知人善任呢？"知人"就是指管理者能从企业日常的工作中发现人才，做到慧眼识英才；"善任"就是指管理者不仅能够发现人才最出众的能力，还能够给予其最适合的位置，让其充分发挥其才能，使其人尽其才。在这个过程中，管理者需要具备一些非常优秀的素质才能不断地为企业提供人才。

管理者要做好以下几方面：

1. 坦诚相待

管理者在管理的过程中，不能只对员工进行物质奖励，而且单纯的物质上的奖励并不能促进效益的增加，从精神上对员工进行鼓励和安抚才能真正地激发员工的工作热情。管理者如果能够对员工做到坦诚相待，那么则可以使员工对企业的归属感、使命感增强，使员工具备"主人翁意识"，从而激发员工的工作热情，为企业发展创造更多的利润。

2. 选择人才要不拘一格

每一位员工都有不同的闪光点，当这些闪光点汇聚在一起时就可以成为企业发展的巨大推力。管理者在企业的日常管理中很容易忽视基层员工身上的才华，这就形成了所谓的"看不见的损失"。很多企业的管理者实际上也大都是从最基层的员工中发展而来，因此，要想在企业中找到适合的人才，首先就要不拘一格。

3. 选择人才需不计前嫌

管理者在选择任用人才时要做到不计前嫌，这也是一个管理者气度以及企业风貌的体现。每一个人都不可能是完美的，都会不可避免地在工作的过程中出现一些或大或小的错误，管理者很可能因为偏重对现实利益的考量而怀疑员工的能力。作为一名管理者要意识到促进员工发展的最好的磨刀石往往就是他们犯下的那些或大或小的错误，只有经历过大大小小的磨砺，员工才会真正得到成长。

4. 要有用人不疑的魄力

管理者在企业管理中最容易出现的问题就是在下达指示并授权给某个员工之后，或许是出于对这项工作的重视，或许是出于对这个员工能力的不信任，仍旧处处对其进行插手或者限制。这样不仅拖延了工作时间，还增加了工作成本，同时还会使员工对管理者产生"信任危机"，使员工的发展受到阻碍，对企业的长远发展也会造成一定的影响。

5. 对待员工要赏罚分明

管理者对于员工也要"差别对待"，应该适当地奖励那些做出优秀业绩或者贡献的员工，增加员工的成就感，促进员工工作积极性的提高；也要及时适当地批评指正那些在工作中出现问题和失误的员工，这样才会促使员工意识到自身的不足并改正错误。当然，管理者的目的并不是为批评而批评，而是要以引导为主，将批评融于赞美之中。既对员工的价值予以肯定，又指引和纠正员工的行为，这样的批评更容易被员工接受，同时更有利于管理者树立在员工心目中的形象。

管理者要做到知人善任，在选人用人的时候要做到以下几点：不能掺杂个人情感、不轻视人才、不妒贤嫉能、不因对方的失误和缺点而埋没人才。只有做到如此，管理者才能在企业的日常管理中发现人才并合理利用人才，这样才能使企业利润放大化。

当然，管理者也要意识到过分恭顺的员工也不一定就是人才。一般管理者都很容易溺爱这样的员工，但是这样的员工很可能因为过分恭顺而失去创造力。有一句名言说得好：不折不扣地执行指示是最好的怠工。

新晋主管说胜任不了

浙江宁波的小戴是一名刚晋升的销售主管，所谓人逢喜事精神爽，小戴应该是春风满面、喜气洋洋的，但是小戴最近却出现精神恍惚的情形。在晋升主管之前，小戴像打了鸡血一样，工作干劲十足，努力学习他人的经验和销售技巧，锻炼自己的销售能力与合作能力，以期早日完成职场的华美转身。有时候觉得压力大到自己快承受不住了，就鼓励自己说，只要升了职，那就完全不一样了，生活也会小资起来，每天听听音乐、喝喝咖啡，周末的时候还可以尽情打游戏或者出去走走，旅个游，而不是拼命加班。小戴的这份拼劲自然得到了好的结果，几乎每一个月的销售业绩在全公司都名列前茅。鉴于小戴的努力工作，他如愿地升了职，但是升职后的工作情况和他原来预想的却千差万别。压力更大了，责任比从前更重，他需要处理的事情也比之前要多得多，还经常出现和下属产生矛盾的状况，他需要花费更多的时间和精力投入到工作中去。尽管他还是努力工作，但是出现的很多问题都让他头痛，而且精神上也出现恍惚的状况，他不禁自问：难道我只能干个销售，胜任不了销售主管吗？

在面对以上情况时，可以从以下几方面入手：

一方面要释放心理压力。实际上无论是在工作中还是生活中，如果周围的环境改变了，自然要花费一段时间来适应。岗位的调度或者晋升也是如此，或多或少都会出现不适应的状况，但是有一点不能改变，那就是敬业的心态。如果心态不对的话，那无论是什么工作都会出现问题。例如，上述案例中的小戴，认为销售的工作很辛苦，需要加班，需要不断学习，做了领导就可以享受，轻松过日子，这样的结果就是出现很多令小戴感觉头疼的问题，出现很多矛盾，最终导致他精神恍惚。实际上领导的工作内容更加多样化、复杂化、繁重化，所以需要花费更多的时间和精力去处理工作。对于一名刚晋升的管理者来说，需要比以前花费更多的心血，因为晋升后的工作内容和以前肯定是不一样的，对于自己而言就是新的工作内容，具有一定的挑战性，也难免出现一些新问题，所以需要投入更多的时间和精力去工作。

另一方面对销售主管需要的能力进行了解。作为一名销售主管，需要的能力有很多。对于一名刚晋升的销售主管来说，应不断学习，不断提高各个方面的能力，从而更好地投入工作。

作为一名销售主管来说，可以进行一些能力的培养、训练和考核，这些能力包括领导力、计划性、先见性、果断力、执行力、交涉力、责任感、利益感、数字概念、自我启发、国际意识、人缘、协调性、创造力、情报力等。

领导力：率先示范、受下属信赖。

计划性：能根据长期的展望拟定计划。

先见性： 能预测可能会出现的情况，拟定一些对策。

果断力： 具有当机立断的魄力。

执行力： 朝着目标执行工作。

交涉力： 公司内外的交涉。

责任感： 责任感强烈。

利益感： 能敏锐地感觉利益。

数字概念： 有数据意识。

自我启发： 自我启发、革新很频繁。

国际意识： 有国际意识，眼光广阔。

人缘： 受下属和同事尊敬。

协调性： 能密切地与其他部门进行协调联系。

创造力： 工作中能体现创造力。

情报力： 对于情报很敏锐，收集能力很强。

要想更好地适应新岗位，可以从以下几方面着手：

1. 正确定位自己

如果自己都不了解自己，对自我都缺乏一定的认识，升职之路还依靠别人为你设计，那么升职这件事可能离你特别远，也就是一件想想的事情。实际上如果你只是做到了勤勤恳恳地工作，但没有展现抱负心，那么你的老板可能会把晋升的机会留给那些不仅拼命工作而且还会表现的员工，因为他们的表现能让管理者很轻易地就看到他们，所以他们也能得到管理者更多的重视。实际上每一位老板都是日理万机，有太多的事情需要他来拍板决定，所以关于你是不是该升职了，他并没有时间和过多的精力去关注。但是你应该有自己的职业发展规划，清楚明白自己的优劣势在哪里，知道自己该干什么不该干什么，什么可以做好，什么做不好，这样才能够有更好的发展。

在职场中，倡导无名英雄、只付出不收获的做法是不可取的，这样做的后果就是会让员工有不公平感，从而影响工作时的心情和效率。职场和战场一样，也倡导每一位员工像士兵一样，争先奋勇地当将军。员工都希望能节节高升，在职场中能够华丽转身，因此员工有权利向管理者提出自己的职业发展规划。如果一名员工将企业发展规划纳入到自己的职业生涯规划，那么这个员工一定会做到自己理想的职位，而如果一位管理者愿意将员工的职业发展规划与企业职业发展规划相结合，那么这名管理者也一定是位成功的管理者。

实际上升职也只是职业规划的一部分，当这个小目标达成之后，还是应该朝着职业规划的下一个目标去前进，而不是放纵自我，只贪图享乐，而不再努力拼搏。

2. 升职后人际心理的调节

每一个岗位都有一定的工作压力，也都会面临一些问题，但是一位升职后的主管，他可能面临的问题会更多。权力越大，责任也就越大，面临的工作也更多、更复杂。一个最为显著的工作就是以前可能只是和同事、上级打交道，但是现在身为一名领导者，还要与下属打交道，这并不是一件简单的小事。尤其是现在的下属中有以前是平级的同事，那么这种关系就更加妙不可言了。新晋管理者如何让下属服从领导、配合支持是需要深思的问题。如果新晋管理者没有高超的领导技巧以及领导能力，是不可能带领一个气氛融洽、高效工作的团队的。所以每一位要晋升的人都应该在各个方面提升自己的能力，才能应对自如，管好人，管好事儿。

3. 升职后负面情绪的处理

每个人都会遇到这样或者那样的糟心的事情，都会有负面情绪，最主要的是怎么面对和处理负面情绪。而管理者在面对负面情绪时，要做到以下两方面：一方面是自己能冷静处理，对自己的不好情绪能有效管理；另一方面是能正面影响和管理下属的情绪。假如下属有了一些过错，或是陷入对上级不满的情绪时，管理者务必先缓解下属的怒气以及怨气，设法稳定其情绪，同时也要对自己的情绪进行管理。

4. 升职后压力的管理

有些新晋的管理者可能会受压力的困扰，虽然每一个人都会承受各种压力，但是如果不能把这些压力处理好的话，那可能就会产生一些焦虑、不安、烦躁的情绪，担心同事关系，害怕辜负领导期望等。实际上这些都是正常的现象，笔者相信每一个新晋管理者都会有这种想法，只是程度不同而已，重要的是要学会对自我压力的管理。但是千万不要认为我不行，否定自己。如果管理者给员工呈现的状态都是焦头烂额、整日愁眉苦脸的话，员工也会跟着紧张起来。

零压力工作是不可能的，也是不好的，适度的压力会促使人更好地投入到工作中去。但是如果承受着很大的压力，并且不能及时排解的话，不要说提高工作效率，就是保持正常的工作状态也很难。因此，升职后压力管理的作用就可想而知了。

新晋的管理者可以通过以下几种方式管理压力：

（1）能量排泄法。对承受很大压力所产生的负能量应想尽各种办法进行排泄。例如，当承受着巨大的压力时，可以选择放下手中的工作，可以找个空旷的地方，大喊大叫几声，也可以选择参加一些重体力劳动，把心理的负能量转变为体力上的能量释放出去，笔者认为这种做法在很大程度上可以缓解一定的压力。

（2）倾诉。实际上当心理承受着巨大的压力时，可以通过和亲人、朋友等促膝谈心的方法，将承受的压力倾诉出来，给大脑和内心留出一定的空间，在一定程度上这样做也能释放一些压力，从而投入到工作中。

（3）环境调节法。大自然是最好的心灵治愈师，美丽的景色可以让人心旷神怡、身心愉悦，让人暂时忘掉不愉快。融入到大自然中，哪怕只是去走一走、看一看，对心理状态的调节都能起到很好的效果。另外当你面对大江、大海、大山时，才会发现自然的力量，人是很渺小的，承受的压力其实算不了什么。承受很大压力的人，可以定期到大自然中去放松一下，对于缓解压力来说大有益处。当一个人承受着很大的压力时，最应该注意的是千万不要一个人默默地承受，这样只会越来越糟。

（4）自我激励法。自我激励是人人都可以做到的，是保持心理健康的一种方法，也是人们精神活动的动力之一。例如，承受着很大压力时，就可以用一些生活中的榜样、名人的言行以及坚定的信念来对自己进行激励，心里默念我能行等，就会使自己产生战胜这些困难的勇气和力量。

（5）不断地学习。"活到老，学到老"是很多人的座右铭，实际上也是每一个人应该做到的。时代在不断发展，企业在不断发展，如果我们停滞不前，对于企业和时代来说就是在倒退，那么自然会面临着很多解决不了的问题，自然会产生很大的压力。学习是为了不断地充实自己、提升自己，这样才能尽快地适应和满足新的工作要求。企业也要重视对员工的培训工作，包括对新晋领导者的培训，建立持续提升员工能力的机制，培养员工勤学善思的习惯，这将大大提升企业员工队伍的整体素质，企业的业绩也会越来越好。

总而言之，管理者要及时掌握自己以及员工在工作中面临的各种压力并进行有效的疏解。管理者可以从深层次加强人文关怀和压力疏解，使员工感觉自己与企业是一体的，增强其"归属感"，调动其主观能动性，激发其工作热情，才有利于企业和员工"共赢"。

每一位员工，无论是在什么岗位，从事什么职业，都应该树立正确的职业观，拥有敬业精神。如果认为升了职就可以不用努力奋斗、只享受就可以了是不可能的。同时在升职后，一定要坚信自我，升职是对工作能力最有利的证明，所以在面对工作中出现的一些问题或者处理一些工作时，都要坚信自己。随着职位的上升，压力、所面临的问题也会越来越多，所以如何处理压力以及不良情绪等非常重要，可以采取能量排泄、倾诉、自我激励等方法进行压力排解。此外，不断学习，不断提升自己，使自己强大，以最快的速度适应新工作，从而获得工作中的成就感，这才是最有效的方式。

倚老卖老的老员工

上海的陈总最近跟笔者说起一件事。陈总和下属李主管要出差几天，这样李主管所在的部门就群龙无首了，准备让一个老员工老钱代为管理，处理一些日常的工作。如果有什么问题的话，要主动跟他们商量。结果呢，老钱对于部门的事情都擅自做主处理，还说李主管不在，在这个部门他来的年头最久，资历最老，所以都要服从他的安排！所以大事小情都由老钱一人做主了，包括一些需要李主管参与决策的事情，老钱也直接拍板。员工对老钱的做法都看在眼里，但是也都很无奈，一方面是因为毕竟陈总和李主管出差的时候，指定的就是老钱代为管理部门的事情，另一方面是老钱确实资历深、工龄长。

陈总与李主管出差这几天，在老钱的管理下不但没有出什么问题，反而有的活动做得还挺成功。

但是李主管找到了陈总，说出了心里话。李主管认为虽然老钱在他们出差的这段时间，把他们部门管理得非常好，但是遇到需要李主管决策的事情时，老钱擅自拍板，都不和自己进行商量。这等于直接忽视了李主管的存在，李主管心里有些不舒服。陈总也感觉到他们之间不和谐的氛围。

像上述的现象很多公司都会出现，就是上司出差了或者有事不在公司，让老员工代为管理公司或者部门。被指定的老员工就认为山中无老虎，猴子称霸王，自己就是管理者。因为这样的老员工存在一个共同的特点就是自己的工龄长、资历深，在领导身边待得久，因此上司不在，当然是自己说了算。

而部门里的员工尤其是一些新员工认为他是老人，对于他的话只能听从。这些老员工擅自做主的行为会引发一些问题，如在上述案例中，尽管在陈总和李主管出差的时间里，这位老员工将那个部门管理得非常好，活动也举办得很成功，但是依然造成李主管与老钱的关系很紧张。假如管理者出差的这段时间在公司管理中出现了问题，就会给公司造成巨大的损失。

实际上这样的老员工在我国很多企业中比比皆是，这些老员工最大的特点就是没有组织性、纪律性，他们将个人情感凌驾在组织发展上是不符合当代企业发展模式的，这只会对公司的发展造成一定的损失。

不管处于什么岗位的员工都应该明确自己的职责。

每一家企业都有自己的组织架构，尽管在上述案例中，李主管出差了，将管理部门的权力交给了老钱，但是李主管对一些事情的决策权并不是这位老员工说忽略就可以忽略的。如果对这个都不明确的话，假如出了什么问题，对公司造成了很大的经济损失，那么这个责任该由谁来负呢？所以无论是在什么样的情况下，都应该明确岗职岗责，明确自己的权力、职责，这样才能更好地进行工作，公司才会稳速发展。

管理者授予员工权力的时候，同时也应该告诉员工哪些事该做，哪些事不该做，做这件事的目的是什么。换句话说就是给予权力的时候就是控制权力开始的时候，权力发挥什么样的效能，权力使用范围，都应该有明确的规定，在使用范围内，合理使用权力，没有越权行为，权力就可以发挥最大化的效能。实际上企业就如同一个团队，如果某些员工在使用权力时超出了范围，必然会导致企业内部出现不和谐的状况，这样就会对员工的积极性造成极大的打击，不利于企业的发展。

管理者在面对如下情况时，可以从以下几方面入手：

1. 统一指挥

实际上任何一家企业或者团队都要做到只有一个管理者，这不仅能够明确权责，也能够使员工明确自己的工作任务。

企业管理者要确定一个企业只有一个拍板人、一个部门只有一个负责人的原则，采取责任问询制。只有一个负责人的话，权力和责任就被统一了，权力统一就能确保实施制度，保障工作流程的顺畅。

2. 限制管理人数

管理者要明确的一点是部门管理者管理的人数不能过多或者过少，一般管理4~6人为最佳。如果管理者需要管理的员工人数过多的话，管理者的精力就会分散在每一个员工身上，管理者的决策就会没有办法很细致、很专业地执行。如果需要管理的员工人数过少的话，就会对这个管理者资源造成浪费。如果一个部门的员工人数很多，可以建立小组长机制，让小组长管理下面的员工，管理者可以对各个小组长进行重点管理。

3. 分工细致，真正做到"钻"

实际上管理者需要处理的工作很多，这就需要管理者具备各种能力，管理者可以是一个"杂家"，但是员工需要做一个"专家"。管理者需要对员工进行专业化的分工，保证每一个部门的业务都能达到高水平，这样才能更好地促进公司的发展。

管理者要科学地制定团队的组织架构，这样能够有效地防止企业内部出现滥用权力的现象，保证公司稳速发展。作为一名管理者，必须要有卓越的远见能够预知公司未来的发展，如果没有组织架构作为依据，就会出现"领导不在我说什么就是什么，我最大""什么事听我的就行"的现象，企业的发展和未来也就根本不用谈了。

后悔不该让他做主管

湖南长沙的赵总跟笔者说："我真是后悔啊，我当初怎么就让这个人当了管理者！真是识人不准啊！"赵总的生意完全是靠自己一个人打拼出来的，到现在他还会感慨自己年轻时太苦了。但凡事总有个苦尽甘来，一分耕耘一分收获。近几年，赵总的生意慢慢步入正轨，企业规模不断扩大，处于事业的上升期。于是他决定扩充人手，打算栽培一批心腹员工共同发展。其中有一位新入职的员工，大学刚毕业，性格非常内向，并且经常办错事。有人规劝赵总说："这个人不堪重用，辞退他吧。"可赵总却认为，这个年轻人虽然性格内向，但是思维敏捷，知道上进，能吃苦，是个可塑之才。于是赵总重点培养这个年轻人，手把手教他做事做人，就像对待自己孩子一样对待他。工作之外也对他关爱有加，甚至有一年过春节还把他邀请到家中做客。而他也确实是块可塑之才，没过多久就能够独当一面了，性格也开朗了很多。很多人都夸赵总慧眼如炬，赵总也很信任他，很多生意上的事都交给他代为打理。可有一天，这名员工突然辞职，自己开店去了，经营的商品类目与赵总的类似。赵总是又生气又心痛，不禁感慨道："枉我对他这么好，带他成长，可他联系我的厂商自己开店去了，还挖走我两名经验丰富的员工，简直太缺德了！真是狼子野心！"

从上述现象中，我们可以清晰地认识到识人用人的重要性。

识人与用人是两个既统一又有区别的领导职责。

一方面，识人是一项非常重要的领导职责。管理者使用人才的前提是识别人才。人才的识别，是管理者对人才在很多方面进行全面的、历史的考察与评价，包括思想品质、政治觉悟、工作能力、知识、性格、精力和体力等。识人不仅是人才管理的重要内容，还是对人才进行科学管理以及合理使用的前提条件。可以说，坚持公道正派、任人唯贤的基本保障就是识人。如果管理者没有识人的"慧眼""近己之好恶而不自知"，就不能坚持任人唯贤、公道正派的原则。此外，识人还是科学管理人才的重要一环，也是激励人才努力向上的有效措施。

另一方面，在识人的基础上，用人也是一项非常重要的领导职责。叶剑英于1977年12月在中央军委全体会议上的报告中指出，在进行领导班子的选配时要做到"知人善任"。"善任"是指正确地使用人才。任何一个企业以及团体、任何一位管理者都必须要做到知人善任。一般而言，哪个企业以及团体的人力资源丰富、质量高、安排得当以及使用合理的话，哪个企业以及团体的业绩就会蒸蒸日上，兴旺发达。

刘伯承，著名军事家，他对军事人才的管理之道可谓深知谙熟，在戎马疆场几十年的实践中，他对手下每一个指挥员的长处短处以及脾气秉性了如指掌。因此，他在用人时可以做到得心应手、恰到好处。抗战时期，刘伯承在一次闲聊中得知，一位在杭大学经济的大学生毕业后，被分配到鲁西北当副排长去了，刘伯承马上对此人的情况进行详细询问，并派人追了几百里，硬是将他追了回来，并分配到师供给部工作，从而让他发挥了专长。

事实显示，如果管理者不懂得如何使用人，就不会成为成功的管理者。"只有无能的领导者，没有无用途的人才"，这句话已成为现代管理者用人的名言。

此外，还要对员工进行了解，了解他是否具备这个能力。

很多人都会有这样的意识：我好好教，他好好学，一定不会差的，但是这也并非是绝对的。

在工作中每位员工的能力特点是不同的。例如，有的员工文笔流畅，善于书面写作；有的员工口齿伶俐，善于语言表达；而有的员工思维非常缜密，小小的错误都能被他发现。如果我们能够根据员工的特长来安排工作岗位，则可以很大地提高工作效率。能力只有与人的活动联系在一起时，才会表现出来。

影响一个人能力的因素有很多，如生理因素、环境因素、活动因素以及性格因素。生理因素是能力形成的生理基础；家庭、学校和社会历史条件等都属于环境因素；活动因素与能力的发展息息相关，实践活动参加得越多，能力发展得也就越快；性格和能力是相互影响、相互作用的，性格可以发展某项能力，也可以阻碍某项能力的发展。

管理者要根据员工的个人特点，培养员工，让员工能够发挥优势，但是不能拿员工的短处作为培养重点。

管理者在面对以上情形时，可以采取的方法如下：

1. 要敢于用人不疑

很多管理者存在"用人必疑"的现象。管理者下达工作任务之后，虽然名义上是放手了，让员工去做。实际上，很多管理者总是担心员工做得不够，从而对企业的业绩造成影响，便时不时询问员工工作进展状况。这在一定程度上给员工造成了管理者不信任员工的感觉，极大地打击了员工的工作积极性。

另外，员工要努力工作，还要应对老板的询问，这增加了员工的工作量，导致员工工作效率下降，影响员工发挥自己的工作效能。既然你安排任务给员工了，适当的询问是应该的，但是不能过于插手。

事实上，有些管理者在放权给员工后，员工稍微出了点错误，就立即将这个工作任务收回来，这种做法也会极大地伤害员工，让员工感觉不被信任。管理者可以给予一些帮助或者给出一些可行性策略，但是主要还是由员工自己去解决，这才是真正的信任。

2. 要学会多角度识人用人

"世界上没有两片相同的树叶"，每个事物都有各自的特点。从管理学角度怎么来理解这句话呢？每个员工都有自己的特点，在各自的岗位上都能释放出自己的才华。例如，有的员工管理水平高；有的员工善于与客户打交道，对外沟通能力强；有的员工则对数据敏感、善于分析数据等。管理者要结合每个员工的实际情况，采取科学的手段。激发员工的潜在动力，使其更好地为企业服务，促进企业的发展。

请各位管理者想一下，现在你们能够身居高位，除个人工作能力强外，肯定也是因为你们具有他人所不具备的优秀品质。因此管理者要学会发现基层员工身上的亮点，不能单纯地以业绩作为衡量一个人工作能力的标准，要学会从多个角度去发现人才，找寻每个人身上的亮点，这样才能保证识人的准确，用人的科学！

3. 中层管理者需要具备相应的能力

实际上很多管理者有这样的感受，如"我把他提拔到了中层管理者的位置上，但是他怎么越来越无能""公司在不断发展，他怎么还在退步，不进步就算了，反而在倒退""给他升到了管理层后，变得有点神经质了"，实际上类似这种情况的出现，都说明了一个问题——晋升后的这些中层管理者并没有做好准备工作，还没有完全具备中层管理者的能力。

中层管理者在一个企业中占据的地位很特殊。中层管理者连接着高级决策层和下级执行层，其作用就好比桥梁和纽带，所以中层管理人员还要具备良好的人际关系。中层管理者的信息对公司的决策有着直接的影响，中层管理者的态度以及积极性对员工的态度和积极性也有着直接的影响。

中层管理者实际上是在一个安全的位置上，但是这个位置没有很大的自由，所以，这就要求中层管理者要有战胜不安的气魄以及打破困境的洞察力。

每一层级的员工，都会有各自的压力，并且随着职位的上升，这种工作压力也在不断增加，所以中层管理人员还要具备调节压力的能力。

实际上中层管理者需要具备的能力还有很多，在此就不再一一列举了，如果没有能力胜任这一职位的话，自然会出现很多困难，出现很多状况。

4. 以宽容的态度接纳人才

中国有句俗语"大肚能容，容天下难容之事"。宽容是一个管理者必须要有的精神！举个例子，某企业在招聘新员工时，发现某位应聘者在原公司犯了错误被开除，但这位面试者在这个领域确实是一个顶尖人才。在这种情况下，管理者是否应该录用这位员工呢？笔者的想法是，要对这位面试者在原来公司犯错的原因进行科学调查。如果犯错原因能够接受，那么管理者就要学会接纳，不能放掉任何人才！如果犯错原因涉及企业高压线，那坚决不能录用！请记住，管理者用人坚决不能一竿子打死！

任何人在工作中难免会犯一些错误，犯错误不怕，重要的是知道错误的原因，并且能够改正，这就是"人无完人"的道理！管理者不能因为员工犯过错而忽视员工的能力。这样做的结果只能是造成人才的流失，间接性地对公司利益造成损失。

5. 管理者也要学会"狠"

有些企业管理者过于宠爱自己的员工，这样很容易造成企业内耗。管理者特别疼爱某个"稀缺人才"，他犯错误了就用"大事化小，小事化了"的方式，久而久之，其他员工难免会有怨言！还有就是过分宠爱自己的员工就会出现"乐不思蜀"的现象，员工因为管理者的宠爱，难免会产生虚荣心，这非常不利于员工的自我成长！因此管理者在用人时必须要"狠"，敢于对自己的"人才"下手，必须学会赏罚分明。如果是业务能力特别强的员工也要坚持合理地"护短"，这点我们在前文提到过。

管理者在用人时，坚决不能附加个人情感在里面，不能过于宠爱人才，像赵总那样，到最后员工离职，只能自食苦果，多年的苦心都白费了。更不能因为员工一时的错误就否定员工的工作能力。管理者对员工"狠"一点儿没关系，正所谓严师出高徒！管理者只要把这些道理想明白，用人的问题自然迎刃而解。

年轻也可以做主管

河南郑州的李总最近跟笔者聊天时，对他公司里的一个员工夸赞不已。李总不顾其他管理者的阻挠，让小易直接做了主管。笔者一听这话，就充满了好奇，对李总也充满了质疑——这位年轻的员工有什么能力让李总像得了个宝似的，李总会不会用错了人？

李总和笔者说："实际上这个主管位置一直都空着，也有两位候选人，其中一位呢，业务能力很强，为人也非常热心，但是比较直，对待员工也好、客户也罢，都是一根筋；另外一位候选人呢，业务能力也比较强，但是山头主义严重，在他们那个团队总搞一些小帮派。"笔者就接着问："那小易这个员工呢？"李总说："小易要学历有学历，要能力有能力，来公司也有好几个月了，不仅业务能力强，虽然年轻，但是其他同事都比较佩服他，个人素养很好。"李总说实际上已经找过小易一次，和他说起让他担任主管一事，但是被小易拒绝了，有两个原因：一是小易觉得虽然他有能力当主管一职，但是他想把更多的精力放在业务方面；二是那两位候选人在公司的时间都比他长，他们来做更合适。李总接着说："尽管小易给出了拒绝的理由，但是我觉得小易升职只是他职场华丽转身的第一步，以他的能力，可以取得更高的成就。"

管理者提拔员工要做到以下几方面：

1. 不拘一格地选拔使用人才

管理者应该意识到人才只有通过使用才能够使其发挥出作用，人才的价值必须要落实到人才的使用上。管理者做好人才工作，最终要体现在用好人才上。但是，现在很多公司的用人模式还停留在重使用轻开发、重学历轻能力、重资历轻实绩、重关系轻公论等，这就需要管理者打破这些陈腐的用人观念，对于人才要不拘一格地选用，敢于破格使用那些德才兼备的优秀人才，也不能求全责备那些具有特殊个性的人才。

另外，管理者还需要建立科学的、完善的选拔任用机制，在选人用人时坚持公正原则、公开原则、平等原则、竞争原则以及择优原则，使降职的人心里服气、晋升的人心里坦然，这就可以很好地减少内耗，增强团队的活力。

2. 要善于识才，绝不"无视"人才

管理者要有"识才之眼"，善于发现人才、识别人才和挖掘人才，绝对不能对人才视而不见，更不能埋没人才。如果管理者没有识别人才的眼睛，即使人才就在眼前，也会错过。

所谓管理者要善于识才，是指管理者要有伯乐的睿智眼光，有能够透过表面现象看清人本质的能力。人们常说识才如识璞，事实上识才要比识璞难得多。在很多时候人的内在本质呈现在人面前的是一种假象，人们很难通过假象看透人的内在本质。如果这个人是庸才的话，往往他会更卖力地去表现自己，更多地展示其外在的"金玉"，达到掩盖其"败絮"的目的。这个人如果是歪才的话，更会阳奉阴违，弄虚作假。而这个人如果是真正的人才的话，往往"真人不露相"，大智若愚，比平凡者还要平凡，甚至有意无意地远离管理者。这就要求管理者必须具有高度的鉴别能力以及敏锐的观察能力，看得透、看得远、看得全。管理者在识别人才时不能限于表面的、抽象的认识，要具体地、全方位地、多视角地考察其本质。更应该静态与动态相结合地对人才进行识别，既要客观、全面、历史地看，又要比较、具体、发展地看，既要看工作实绩，又要看品德作风；既要了解其在企业的表现，又要了解其在社会生活方面的情况；既要观其言，看其说得怎样，又要察其行，看他做得如何；既要看一时一事，又要看其一贯的表现。

3. 有"举才之德"

管理者要有举荐人才的美德，这主要表现在以下两个方面：

一方面是管理者要当好伯乐，要善于将优秀的人才推荐到上级或者其他更适合的岗位上去。这种举贤荐能的做法有利于人才更快地在人群中脱颖而出，还有利于人才在更大的空间得以发展，而不至于埋没人才，使其"英雄无用武之地"。

另一方面是当管理者自己发现下属的能力远超自己时，要有勇气让贤。作为管理者千万不能对人才进行压制，不能害怕下属在工作能力上强于自己、胜过自己。管理者要有教师那种"燃烧自己，照亮别人"的精神，具有甘当"人梯"的无私奉献精神。

4. 有"用才之能"，善用有个性的人才

用才之能，就是要求管理者要知人善任。对人才要用其所能，用其所长，用其所好，专才专用，大才大用，扬长避短，人尽其才。成功的管理者要能慧眼识人才，要使优秀人才发挥其才能，而且能够根据下属的能力、个人特点等，做到人尽其才、才尽其用，最大限度地发挥下属的各种潜能。只有管理者善于用才，才能充分地发挥人才的积极性，歪才也可做正用，小才也可做大用，可以收到事半功倍的用才效果。

5. 有"容才之量"

所谓金无足赤、人无完人，管理者"容才"既要容得下在某方面能超过自己的人，还要容得下既有才能又有缺点的人才。实际上用才不容易，容才更难。每个人都不是完美的，人才有所长，也必有所短，往往表现出来的就是优点越突出，缺点也越突出。

管理者不仅要善于用人所长，还要能容其所短。管理者的胸怀必须要宽广，要像磁铁似的将各种锋芒毕露的人紧紧地吸引在自己的周围；还要能像润滑剂那样周旋在人才之间，使各种人才协同高效地发挥作用。管理者要以博大的胸怀接纳人才，以湖海的心胸容纳人才，以宽容的态度对待人才。

管理者的容才之量，还体现在容许人才犯错误，给予人才改正错误的机会。实际上再完美的人都会犯错误，所以管理者不能揪着员工的错误不放，应给予其犯错的机会、改正的机会，使其成长。

当然，要求管理者有容才之量，这并不等同于对人才的缺点或错误一味地迁就、放任不管，而是要批评、教育、引导、启发其进行自我警醒、自我批评、自我约束、自我完善，使其自觉改正错误，达到成长的目的。

管理者对于人才的选拔，不能停留在重使用轻开发、重学历轻能力、重资历轻实绩、重关系轻公论等陈腐的用人观念上，要善于识才，绝不"无视"人才，要有"举才之德""用才之能"，善用有个性的人才，还要有"容才之量"。

老员工该让贤了

浙江温州章总团队中的老胡可谓是一位"忠臣"，跟随章总公司发展已经有十多年了，一直勤勤恳恳，从当年的"小胡"到现在的"老胡"。老胡的个人工作能力很强，为公司的发展也做出了很大的贡献，所以入职公司两年就被提升为技术部主管。但是随着公司的不断发展，"老胡"却没有跟上公司发展的脚步，出现了很大的问题，在管理方面也存在着很多的漏洞，特别是对于当今"90后""95后"新员工的管理上，还在用以前的老观念、老思路办事！章总虽然把老胡的这些做法都看在眼里，但是念在老胡对公司做出的贡献，尽管知道他有这些问题，还是力挺老胡在他那个岗位，也没想过让别人去取代他。但是其他部门的经理，包括人事经理在内的员工对于章总的做法都不太同意。这些部门经理认为时代在不断进步，公司在不断发展，老胡的观念以及思想如果还是一成不变，不去适应时代发展潮流的话，最终一定会被时代和公司所淘汰，最终损害的还是公司的利益，所以让老胡继续在这个岗位上于公于私都不是一件很好的事情。后来经过公司全体管理者的商讨，做出一个决定：让老胡退居二线。

章总找到老胡说道："老胡啊，尽管你对公司做出了很多贡献，但是时代在进步，公司在不断发展，你手下的员工也越来越年轻，你已经不太适合这个职位了，该让贤了！"老胡听到章总的这些话，很伤心，他觉得自己为公司付出了那么多心血，说让我退居二线就退居二线。但是老胡没办法，只能接受这个决定，毕竟年龄在这儿摆着，没有精力让他去从零拼搏了！

实际上要对老员工进行深入的了解，应包含以下几方面：

1. 老员工接纳新事物的速度较慢

很多公司在不断发展的过程中，也在不断地积累人才。这些人才在这不断的发展过程中也顺理成章地担任着企业的重要职位。但是时代在快速发展，信息更迭速度也在不断加快，而这些老员工对于新思想、新事物的接纳速度非常缓慢，造成管理者与新员工之间交流匮乏，在管理方面也存在着很多弊端，这显然不利于企业的管理。

2. 有人能取代他吗

案例中的老胡，尽管在管理方面存在着很多的问题，但是一直在跟随着企业发展。对于公司的情况很熟悉，对公司的忠诚度也很高。即使换个新的部门经理，这个新的经理也不可能马上就融入到管理工作中去！

管理者在做任何决定之前一定要三思而行，在撤换老员工之前，管理者要想一想有人能够取代他吗？

3. 正确认识他人的不足

管理者也要认识到"人无完人"，每一个人都会犯错误，管理者必须要用包容的心态看待这些人身上的不足！并且积极地帮助他们改正这些不足，使他们成长。

如果部门经理在业务方面存在不足，可以通过培训的方式，提高其业务方面的能力。如果部门经理在管理方面存在不足，管理者可以安排其他员工帮忙协助管理。同样的道理，老员工身上也会存在很多不足。对于这些不足，管理者要正确地看待，不能因为这些不足，就直接认定他不能胜任这个岗位。

面对这种情况时，管理者可以从以下几方面进行解决：

1. 换岗位可以，想想人家后路

管理者打算撤换企业内部元老员工的话，首先想的就是他适合哪些新的岗位，新岗位能为员工带来新的发展。管理者千万不能将老员工安排在那些"养老岗位"上，这对于那些依然有拼劲的老员工来说是非常不负责任的！同时管理者也要积极地与老员工进行交流，得到员工的认可！

另外，管理者对于新岗位的薪酬待遇也要予以考虑。本来就是对公司有贡献的老员工，给他换个岗位，薪资比原来还低，这就等同于让员工辞职！所以管理者不仅要保持其和以前同等的薪资待遇，还要适当地将薪资提高，以表彰他为公司做的贡献。

2. 给予老员工一个工作"试用期"

实际上"试用期"的含义并不是指新员工刚进入公司的那一段时期，而是指考验老员工到底能不能胜任新岗位的一段工作时间！如果发现老员工对于目前的工作不能胜任的话，管理者不应该立马将这名员工撤换掉。管理者应该主动找这名员工谈话，这样做有两点好处：一是给员工一个警钟，让员工知道上司对你目前的工作状况不满意；二是避免以后直接撤换时会出现不满。

管理在"试用期"内可以交给员工几件工作任务。通过对任务的完成程度进行考察，来决定他是否能够胜任这个岗位，继续担任下去。如果这名员工可以顺利完成的话，那就是管理层对这名老员工的评价出现了偏差；如果这名员工不能很好地完成任务的话，身为管理者也不要立即就批评这名老员工，而是要主动地与员工进行沟通，对工作中存在的问题以及他不能解决的原因进行分析，力求找出解决措施。

如果管理者已经帮助、指点过这位员工，他还是不能很好地完成的话，这时候管理者就要思考是应该继续培养这位员工，还是将其撤换到其他岗位。

3. 诚恳沟通，顺利完成撤换流程

如果管理者已经决定要撤换这名员工，千万不能什么也不解释，直接告知员工，他被调换到××岗位或者他被开除了，这种方式极有可能会引起员工的不满，导致一些不必要的状况发生。管理者要与员工积极地进行沟通，力求以最平和的方式实现对其的岗位调换。管理者应该尽量采取倾听的态度，了解元老级别员工心中所想。对于新岗位的优势也要向他说明，给他安排这个岗位的原因也要进行阐明。如果员工出现不满或者犹豫的情绪，管理者也不要着急，只要是真诚的沟通，必然会打动对方！

撤换老员工，会影响公司的整个组织架构。如果管理者处理得不恰当的话，会使员工产生不满或者怨恨的情绪。所以管理者不仅要积极地帮助下属，还要与他们进行积极的沟通。管理者要以事实说话，这样才能保证不伤和气地办事！

年龄大、资历深做领导是应该的

山东青岛的叶总提拔员工老王做销售总监。老王可是很了不得，36岁正值壮年，业务能力强，老王的人脉资源也很多，连续好几年带领其小团队夺得公司销售冠军，他个人的销售业绩在全公司也是名列前茅的。但是老王当了销售总监后，好像变了。办起事情中规中矩很多，而且没有创新。在他做总监后举办了好几次会销活动，他采用的宣传模式都是非常传统的，而且活动的更新频率也非常慢。

叶总无意中听到员工说："我们这个公司，想要升职当领导就得工龄长，看的就是工龄，只有工龄长了才能升职。老王就是，他在同级别领导中，资历最深，年龄最大，这个领导位置肯定让他做啊！我们这种刚来一两年的员工，怎么可能会有机会呢，哎，就这么干着吧，瘦死的骆驼比马大，总比没有工作强吧。"

老王每次说到自己的辉煌历史的时候，就会说："想当年，我们几个人打拼，创下了×××业绩……"可是那些终究是当年，那都是曾经，只能说以前的工作做得好，并不能保证你现在的工作就能做好。

实际上很多管理者在考虑职位的升迁时，都会考虑老员工这个因素。甚至有一部分管理者认为老员工年龄大、资历深，就应该做领导，这种想法是有偏差的，管理者应该正确认识老员工：

1. 老员工冲劲不足

现今很多企业中的管理者在提拔员工的时候，都特别喜欢任命企业内部的年长者。原因有以下两个：一是比起年轻人，年长者的经验和阅历都比较丰富，人脉资源也比较多。二是年长者的工作年头长，比新员工对于工作流程更加熟悉，对于公司的感情和忠诚度比年轻员工要深要高。

但是很多老员工得到晋升后，心态等就发生了改变，开始学会保全自己，做起工作来也变得谨小慎微，生怕得罪人，对自己的地位造成影响。实际上这些表现都是可以理解的，毕竟任何人对于得之不易的地位以及权力都会格外地珍惜。这也就造成了老员工工作起来缺少年轻人的热情，换句话说就是冲劲不足。这些人无论是在工作处理上还是在管理下属方面，都会采取一些比较平稳的方式，生怕出现任何意外，从而使自己陷入困境。

2. 江郎才尽

江郎才尽这个故事相信大家都听过，江淹在年轻的时候可以写出很有才情的文章，但是待到他年老的时候，写出的文章大都平淡无奇、嚼之如蜡。实际上很多人都会像江淹一样，不可能一辈子都才华横溢，难免会出现江淹现象，直接的结果就是工作水平一般，业绩也平平。案例中的"老王"就是一个典型的例子。

管理者可以从以下几方面入手：

1. 给予年轻人机会

管理者要认识到企业中的选拔机制不能只根据员工在公司的工龄，如果企业管理者只任命年长者为企业的领导者的话，会让年轻的员工觉得升职无望、前途无望，对未来不是希望而是渺茫。久而久之就会对企业产生倦怠感，失去了原有的激情和积极性。

实际上管理者给予年轻人锻炼的机会，可以让他们尝试更多富有挑战性的工作。这不仅是对他们的磨炼，也是为公司培养后续人才。重点扶持年轻员工，不仅可以激发年轻人的潜力，还可以使公司的人才越来越多。

实际上职位的升迁不仅是为了锻炼员工，也是为了激励员工，因为员工的升职也意味着对他工作表现的肯定，这有利于员工以更加积极的心态去工作。

2. 年轻人适应能力强

相比老员工，年轻人的适应能力要更强，对潮流时尚的东西也能在很短的时间内就能适应。有很多的企业，其管理层人员大都是四五十岁，连微信都不会使用，这怎么能够跟上时代以及企业的发展。

3. 年轻人的拼搏精神强

相比老员工，新员工更敢拼敢搏，因为他们一切都是从零做起，工作经验也无，一切都是零基础，这样的情况下，他们只有更加努力，才会取得一定的业绩来表现自己。因此他们会付出比那些老员工更多的热情和积极性去工作。在这种热情以及积极性的带动下，他们收获的可能比那些老员工更多，这就是"初生牛犊不怕虎"的道理。所以我们没有任何理由去轻视年轻人。

4. 以包容之心给予后来者机会

记得十年前，社会上的谈论对象可能是"80后"，五年前可能谈论对象是"90后"，但是目前我们谈论更多的是"00后"，可能再过几年，我们该谈论的对象就是10后。岁月在不断流逝，时代也在不断发展，每个时代的人都有一定的个性和特点，但是年轻人那股敢拼敢搏，敢于表现自己的状态，我们这群过来人，为什么不能把自己的心胸敞开，以包容的心态去包容和接纳这群后来者，给予他们更多的机会呢？

5. 选拔制度的建立

任何一个岗位的任命都必须是管理者经过精心选拔的，但是对于比较重要的岗位，管理者需要以事实来说话，建立选拔制度，通过对候选人的考察，包括他们的工作能力以及个人品质等各方面，从而促使选出的员工是能够让大家信服的，也是能够根据最终的结果来鼓励成功晋升的员工的。

　　管理者在建立选拔制度时，应该秉承着一定的原则，如公开、公正性等，确保每一位员工在这项制度面前都是平等的，都是有机会参与竞争的。

　　我们不能否定老员工在一个企业或者团队中做出的贡献，但管理者不能把员工任命的唯一标准设置为资历以及年龄，这种做法会对年轻员工的积极性造成很大的打击，导致很多有才能的员工认为自己努力也是没用的，也不会获得职位的升迁，所以不能释放自己的工作热情，也不会百分百地为公司服务，这对于企业来说是极大的损失。实际上管理者可以制定科学的选拔机制，让每一位员工都能公开、公正地参与选拔。

业绩高就是管理者

　　云南昆明的李总做了一次人事调动，让老洪担任销售部经理的职位。老洪来公司已经有好几年了，业绩也不错。本来是件皆大欢喜的事，但是老洪做了几个月销售经理后，团队中却出现很多怨言："老洪业绩再好有啥用，我就是不服，我业绩跟他一样，为啥不选我？""你说老洪有什么好的，不就是工作经验多一点儿，李总让他当经理，管理方面老洪懂吗？"实际上很多员工也认为老洪在团队管理上存在很多问题。但是李总态度也很明确，老洪就是有工作经验，就是业绩好，凭这两点就有资格带领团队、管理团队！

　　虽然老洪的业务能力确实没话说，但是管理团队水平一般。实际上李总也知道员工们的意见是有一定事实根据的，但碍于老洪是自己任命的，而且老洪也是一名老员工，如果直接把老洪撤下来的话，这样太有损老洪的面子了。笔者给李总提出了一个解决办法：找个有业绩的年轻员工给老洪当副手。原因就是年轻人交流起来很方便，这样也能拿住人心！

　　实际上每一个企业都应该认识到以下几个问题：

1. 业绩并不是员工晋升的唯一依据

"我在这个行业摸爬滚打几十年了，可以说吃的盐比你走过的路还多，我给你指导的都是经验之谈，书本上都不一定能看得到，我说的能有错？你就按照我说的这个方法干，一定不会出现问题。再说了，我是你的领导，你就得听我的！"很多有经验的员工都会说类似的话，这样的话，笔者也听过很多，屡见不鲜。云南昆明的李总多次跟笔者聊起他们公司的老洪，借着业绩管理下属，表面上员工都对他"唯命是从"，事实上私底下早就怨声载道。

中国很多企业管理者的选拔都是以业务能力为唯一标准。尽管衡量一名员工工作能力的重要标准包括员工业绩的高低，但是这个因素只能是考核员工的一部分，并不能作为任命员工的唯一根据和标准。管理者可能只看到了这名员工业绩很好，有经验，但是这只能证明他的工作能力很强，并不能证明他的管理能力也很强。

2. 吕布之死

吕布，相信大家都很熟悉他，他是三国时期著名的武将，手持方天画戟，座驾赤兔马，分别与刘备、关羽、张飞大战三百回合都没分出胜负，留下三英战吕布的佳话。尽管吕布在武力方面天下无人能敌，但是却没有管理的头脑，跟随几任主公，都被委以重任，但也多次被擒，最后不听陈宫之言，中了曹操的计，上了断头台。有学者是这样评价吕布的——吕布有虎虎之勇，而无英奇之略。事实上吕布之死也说明了一个道理：业务能力强的员工不一定管理能力也很强，不一定就能管理好企业！有些员工只适合一辈子当将，不能当帅。管理者在任命自己下属的时候，必须认识到这点。

3. 没有全局意识

员工的业绩好，只能证明他的工作能力强，但不能证明他就能管理好一个团队。但是有一些管理者单纯地认为提拔那些业绩好的员工，就可以实现业绩突破，促进企业快速发展。事实上这种任命员工的思维观念以及模式是非常落后的，其最大的弊端就是在任命员工时没有全局意识，最终导致"管理不善"的现象发生。

发生上述案例的情况，除管理者的问题外，那些有经验、有业务能力的员工也是有问题的，这些有经验的员工认为凭借自己熟练的业务能力就能管理好团队，并大言不惭地认为自己的方法以及决定永远都是对的。对于基层员工的感受也从不考虑，基层员工提出的建议也直接忽略，这种做法给员工的积极性和创造性造成了极大的打击，这也是没有全局意识的表现。

面对这个问题，管理者可以采取如下解决方法：

1. 懂得沟通

一个团队管理者，尤其是中层管理者，一定要具备有效沟通的能力。对上要能准确地领会领导意图，对下要能够与下属时刻保持沟通，保证企业内部信息的顺畅传递，还能了解员工的需求。一个懂得沟通的管理者，可以促进企业运营效率极大地提高，确保企业运营质量。

2. 学会创新

一个企业管理者的创新意识如何，对于企业发展来说是非常重要的。如果一个管理者的思维模式一成不变，还在用"老思路""老观念"对企业进行管理，没有任何创新意识可言的话。这样的管理者领导出来的团队和企业只会在市场经济的浪潮中沉没。

3. 敢于决策

很多由基层调任的管理者在进行管理工作时都会由于一些因素而不去进行管理，如因为"面子"或者珍惜得之不易的晋升岗位。曾经就有一家公司的销售组长跟笔者诉苦说："我和其他的员工都是老员工了，都一起共事那么多年了，怎么当着别人的面批评他们啊，只能私下跟他们进行沟通，告诉他们到底哪里做错了。"

如果一名管理者没有果断的决策能力，不敢正视自己员工的错误，没有批评自己员工的勇气，或者不能使自己制定的政策让员工做到"令"到"行"到。即使再优秀的团队，也不会做成任何事，即使短期内可以成功，长此以往也难以持久。

4. 全局规划

管理者必须要以企业发展的眼光看待问题，不能只注重眼前小利，而因此忽略了公司的大局发展。管理者要明确制定企业发展各个阶段的目标，如果连这些都做不到，就不是一个合格的管理者，企业的发展也很令人堪忧。

管理者在任命员工担当重要职位的时候，如果不综合考虑以上这些因素，仅根据能力进行选拔的话，企业必然会走向恶性循环，就如前文的案例。

员工的工作经验等，更多的是经历千锤百炼得来的。只要这名员工喜欢这份工作，认真学习，经过多年练习，必然熟能生巧。就像任何一位做销售的员工都是从最开始不懂得如何和客户沟通，通过对话术的学习，不断地练习，直到成功地拿下人生的第一单。管理团队是一整套流程，除进行学习外，还需要有足够的悟性！这就要求企业管理者要会识人看人，不要单纯地以业绩来提拔员工！要综合考虑各种因素对员工进行提拔，实现企业内部人才最佳配置。

这个员工能胜任吗

山东泰安的钱总跟笔者说他公司里的一位员工业绩很好，与同事之间的关系处理得也非常好，但是钱总向笔者提出了这样的疑问："我怎么知道他能否胜任更高的职位，比如主管呢？"的确如此，这位员工在更高一层职位上没有工作过的话，任何一个人都很难对他是否可以胜任作出准确的判断，这时如果在他上任后才发现他并不适合这个岗位，给他降职的话又不好。所以笔者就跟钱总说："事实上你遇到的这种情况比较常见，大多数管理者在面对一些员工时，都会有这样的疑问。你可以采用临时性或者非正式性'提拔'的方法，通过对他的能力以及表现的观察，来决定是否真正地任命他，这样就可以避免万一他不合适而降职所带来的负面影响。"

事实上，管理者任命的依据不能是现岗的工作情况。

在一个企业里，如果相当一部分员工因为为企业做出了贡献而被管理者提拔到并不匹配的岗位和级别，这样做的后果就容易给企业造成人浮于事、效率低下的现象，还会导致很多平庸的员工在公司出人头地，最终使企业发展缓慢甚至停滞。所以，作为一名管理者不能单纯地根据员工做出的贡献来判定其是否可以晋升，管理者千万不能因为某一位员工在其岗位上干得优秀，就认定他一定可以胜任更高一级的职务。

管理者可以通过以下几种方式解决：

1. 建立科学的选拔机制

管理者在提拔员工时，不能主观臆断，而是要有一定的依据，所以管理者要建立科学、合理的人员选聘机制，客观评价每一位员工的能力以及水平，将每一位员工安排到他可以胜任的岗位之上，让他尽情地发挥自己的才能。

员工究竟是否能够胜任新的岗位，是上还是下绝不能只凭领导一句话就任命，而是需要企业真正建立起一种良性机制。一位员工对于经理这个职务并不能胜任，但是他很可能是一位非常出色的主管，只有通过这个机制才可以将员工安排到他适合的岗位上，找到他最适合胜任的角色，挖掘出每个员工的最大潜力，实现"人尽其才"。

2. 重视员工潜力的激发

在企业内部逐步提升，重视潜力，重要的职位大多数由所能胜任的人才担任。管理者要清楚提升人才的标准不仅仅是绩效更需要重视其潜力，应当以其是否能够胜任未来的岗位为标准，而并非仅仅是在现在的岗位上做得是否出色。

3. 岗位晋升不能当成主要的奖励手段

笔者相信很多企业的管理者都会将岗位晋升作为一项激励手段，用来奖励员工。当然，笔者相信这个激励手段一定会收到一定的效果，但是管理者最好不要把其当成主要的奖励手段。这样做的后果是还会引发一系列问题，如升职的员工并不能胜任高一级的职务、未升职的员工丧失了工作动力、不服气的员工离职等。

管理者可以建立更有效的奖励机制，如通过休假、加薪等方式来对员工进行奖励。有时，将一名员工提升到一个其不能胜任、不能很好发挥自身才能的岗位，对员工而言只会让他感到莫大的压力，并不是奖励。这样管理者没有做到人尽其才，只会给企业带来损失。

4. 提高自我的管理水平

作为一名管理者，需要经常处理员工的职位问题，所以管理者要不断提高自己的管理水平。在对人才进行培养、选拔时，管理者需要具备足够卓越、优秀的品格，秉承平等、公平和公正的原则，做到真正能够选拔到适合岗位的员工。当一家企业能形成一套切实可行的绩效管理系统时，就会在某一程度上说管理者"位高权重责任轻，钱多事少离家近"的想法不再只是妄想。而企业也会有越来越多出色的管理人才，确保企业永葆向上的活力。

对于管理者而言，都希望员工在职场上能够更上一层楼。因此需要对员工进行全面的考察，并不能根据他现有的工作情况进行判定。尽管每个员工都希望能够不断地得到提拔，但是也需要每一个员工切记的是决不能把往上爬当成自己的唯一动力。如果员工不能胜任更高一级的职务时，管理者与其让他在一个完全无法胜任的岗位上勉强支撑，无所适从，还不如让他在一个可以游刃有余的岗位上尽情地发挥自己的专长。

这个员工很完美，舍不得将他调走

几年前笔者到上海的马总公司时，见到了马总经常说起的他的一位员工小蔡，确实和马总说的一样是个难得的人才，在其岗位上做得非常出色，所以马总就让他做起了助理。实际上马总也知道，以小蔡的能力以及才华来说，这个位置有点大材小用。他打算让小蔡先熟悉一下销售工作，然后再另行安排工作。

当笔者再次到马总公司的时候，想起了那个让人难忘的小蔡，心想："他现在应该已经成为马总分公司的经理了吧？"

但一切都出乎了笔者的预料。站在面前的小蔡，已经不再是那个充满激情和活力的年轻人，而是变得固执、愤世嫉俗、空洞无物。笔者看到这样的小蔡，非常难过，怎么会这样呢？

笔者就问马总："以前的小蔡是那么积极、有活力，怎么会变成这个样子？"马总说："小蔡做了我的助理后，很快就展示出他过人的能力和才华，将经理助理的工作干得近乎完美。我深深地感觉到我离不开他，也就没有把他调走的想法了。"小蔡只好停留在经理助理的位置上，几年来那么多次晋升的机会与他擦肩而过。最初小蔡没有什么想法，但随着时间的推移，小蔡对前途彻底失去了信心，也不再认真对待工作。

管理者要明白以下两方面内容：

1. 职位晋升也是一种激励手段

管理者应该意识到有效、恰当的激励机制，是促进员工积极性提高、促进企业工作效率提高的有效手段之一。而给员工提供晋升的机会和空间就是其中一个不可或缺的激励因素。

职位的晋升不仅仅带给员工一份更高的薪水和一张更宽阔的办公桌。同时职位的晋升还表明了一种认可、一种荣誉、一种身份以及一份尊敬，它可以给员工带来满足和责任。所以晋升对于员工来说在任何时候都具有强大的激励力和凝聚力。它可以使员工更自信，主动追求卓越；使员工充分发挥潜在的能力，处于持续不断的发展过程中。

每一位员工都期待能够在职场上有华丽转身的机会，所以当员工有能力胜任更高一级的职务时，管理者就要给员工提供平台，使其充分发挥自己的才能。此外，管理者的这种做法也为企业的发展提供了强有力的保障。

2. 晋升也是让员工保持工作动力的手段

实际上一名员工通过在某岗位工作一段时间就可以掌握此岗位相关的大量工作经验，就可以轻而易举地将工作做好。这时，他的工作能力与现有职务以及岗位已经极不相称，而晋升就可以很好地解决这个问题，通过晋升可以长久地保持这位员工的创造力。但是非常可惜的是，很多管理者对于这一现象的存在常常视而不见。这也导致员工因能力被束缚而备感压抑，工作热情逐渐消失，原有的生气和活力也最终被耗尽。

面对这个问题，管理者可以从以下几方面进行解决：

1. 给员工提供晋升的空间

如果一位员工的能力很强，也能够胜任更高层次的职务，管理者也明白晋升这位员工是没有任何问题的。但是现实情况并不是按照大家所想的那样发展，这位员工并没有得到晋升。从某种程度上说，如果企业不能给员工提供足够的升迁机会，多半是因为企业整体或某些部门停滞不前。这时企业的管理者就必须下定决心采取实际行动，如管理者可以设计特定的级别和头衔并创造出足够的层次，还可以采用"优胜劣汰"等方法空出位子，以便让更有能力的员工有被提升的机会。

2. 给员工提供展示自己才能的空间

很多员工工作不只是为了工作，更强调在工作中实现自我的价值。这个道理虽然简单明了，但是很多管理者并不能意识到。重要的是管理者常常跟着感觉走，被表面的现象欺骗，以致连基本的判断力都失去了。管理者在很多时候提拔一位员工，是因为这位员工与自己脾气相投而已，殊不知这会对其他员工、对企业造成很大的损害。

管理者应该给员工提供发展的空间和平台。管理者不能让员工成长了，有了翅膀，却没有翱翔的天空，这样只会对员工造成压抑，最终导致他们离职或者变得碌碌无为。

　　管理者看到自己的员工能够独当一面的时候，应该是非常欣慰和高兴的，但是管理者不能因为喜爱这个员工、离不开这个员工，就将他绑在身边，不放手。管理者应该给予他们发展的自由和空间，让他们尽情地发挥自己的才能，这样才会让员工不断获得成长，不断收获，也才能促进企业不断发展。

顶梁柱对于企业的重要性

　　江苏苏州的江总经营的是一家小公司。老施担任的是公司业务部的经理，深受江总的器重，老施也多次在公开场合受到江总的称赞，称赞其为公司做出了巨大的贡献。事实上老施的确凭借着自己高超的工作能力为公司拉了不少客户、开拓了很多业务、疏通了各方面的关系，使公司的业务蒸蒸日上。当然江总也没有亏待老施，把他从普通员工提升至基层的干部，又将他提升到公司的中层经理职位。由于公司里的员工都知道老施颇受江总的器重，所以老施在公司里的地位是无人撼动的。公司的高层职位并不是无限的，老施高升的空间快到尽头了。

　　有一天，办公桌上的一封辞职信震惊了江总，而这封辞职信的主人就是老施。老施在辞职信上说，很感激公司以及江总的栽培，但是，自己希望去追求自己的事业，实现梦想，决定离开公司。

　　江总从其他人那儿得知，老施注册了自己的公司，做起了老板。还利用以前在公司建立的客户以及社会关系网络，经营与公司类似的业务。

　　老施的离去让江总感到无比地恼怒，然而，公司已经满足不了员工的需要，无法给他们提供更大的发展空间，那他们的离去是应该还是不应该呢？更让江总感到闹心的是，由于以前老施在公司独当一面，掌握着许多客户以及重要信息，老施离开了，公司中的其他员工也不熟悉这些客户以及信息，业务经理的职责也担当不了。而之前那些与公司合作的客户也纷纷转向了老施的新公司。江总的公司陷入艰难的境地，怕是撑不下去了！

　　问题在谁？

很多管理者看到这儿，也许会怪老施，认为其"不够情义"，江总不仅给其培养的机会，还提供其职位的升迁，使其在公司名利双收。但是老施却一走了之，并抢走公司的业务。真是瞎了眼睛，培养他。

但是在这里也许真正应该反思的是江总，把老施培养成为公司"顶梁柱"的江总在管理方面出了问题。

管理者可以从以下几方面解决：

1. 将"顶梁柱"调离

实际上任何一家企业，无论规模大小，都会有或多或少的业务精英。这些精英不仅蕴藏着很大的能量，而且还是公司的灵魂。一旦他们跳槽，对公司的发展可以说是惊涛骇浪般的打击。

然而成功的管理者对此却有不同于一般管理者的见解：当有人告诉他这个职位真"少不了"某某时，他就会立刻将这个人调离这个岗位。当然这也是有理由的：

（1）适当的职位调整是非常必要的，任何职位也都是独立存在的，并不是也不应该专属于某一个人。

（2）太多的"顶梁柱"，往往会对其他员工的工作造成一定的阻碍，这对培养接班人以及团队的繁殖来说都是不利的。

（3）"顶梁柱"永远对公司忠诚这一点谁也无法保障，"顶梁柱"的跳槽将会让公司陷入困境。

2. 全盘考虑公司的人力资源配置

成功的管理者要做到以下几方面：

（1）管理者要给予企业中的业务精英足够的重视，给他们提供充分发挥才能的机会，还要给予他们相应的奖赏。这样才有助于他们各尽其能，发挥出最大的能量。

（2）同时对于企业的人力资源配置状况也要进行全盘考虑，有意识地对团队进行繁殖，培养企业明天的接班人，保障企业人才供应的连续性。

（3）管理者对于企业里的精英员工不要过分地"宠溺"，千万不要把企业的客户资源以及信息等交在一个员工手里，要建立属于企业的信息资源库。并且管理者还需要让每一位员工都明白，他们在业务上取得的成绩、他们建立的社会关系网络都是企业给予他们机会的结果，正是因为他们代表的是企业，他们才会获得这样的结果。

（4）同时，一旦"顶梁柱"离开了企业，甚至加入到竞争对手的行列，或者是自己做起相类似的行业，企业管理者就可以迅速启动备用的人才库和信息库，迅速恢复企业的业务。

管理者不仅要给企业精英提供发挥才能的机会，给予其奖赏，还要不断地培养企业的接班人，保障企业人才供应的连续性。同时管理者也要意识到不能一味地宠溺精英员工，要建立属于企业的信息资源库，要让他们明白他们的业绩是依赖企业才会取得的。此外，管理者还要做到的一点是一旦某些业务精英离职了，要能迅速地恢复企业的业务。

将老员工调离岗位

老李在这个企业工作很长时间了，工作压力小，收入稳定，整个部门与他年龄相仿的有好几个，所以人员流动方面也比较稳定。虽然一直没做出什么突出贡献，但是也一直没犯什么错误，老李搞不明白怎么老总说把他调离到另一个岗位了呢。

没犯错误就可以吗？

许多企业内部没有竞争的氛围，在这样一个氛围里有许多工龄较长，已经产生倦怠期的老员工，也存在一些优秀人才自掩才华，以求自保，还有些人没有进取心，缺乏工作的动力，再者就是有些人没有什么压力，抱着做与不做都一样的想法。还有些人不犯什么错误，也没有什么贡献。员工和企业都对现状比较满意，不思进取，没有做到居安思危，在外部竞争中不但不会越来越好，反而会注定失败。

当今社会，竞争是非常激烈的，一旦企业内部的员工看不到外部的激烈竞争，选择安逸地工作，那么随着时间的流逝，这些员工就会形成惰性、懒散，毫无激情可言。竞争意识在这一过程中也会逐渐失去，从而最终失去竞争力。

员工只有在有压力的环境中、有竞争的气氛中才会有危机感、紧迫感，才能激发进取心，才能积极努力地工作，企业才能有活力，才能发展。

管理者可以从以下几方面进行解决：

1. 树立团队内部竞争意识非常重要

适度的竞争可以非常有效地提高团队的工作效率。当前整个商业大环境都呈现激烈竞争的状态，管理者需要把竞争意识渗透到团队中去，才能建设一支充满活力、有着工作激情且有工作业绩的团队。在竞争气氛中员工基本上都有着很高的士气，员工的创造力也能大大提升，也能塑造职业精神。

在团队建设的过程中，协作是一个团队的核心，但这并不等同于整个团队就像一潭死水，缺乏竞争的活力。有很多团队，给人的感觉就是办事效率不高、效益也不高，团队中的员工也是拖拖拉拉，懒散松懈，不求进取。究其根本，就是整个团队没有竞争意识。所以，管理者应致力于将竞争机制引入到团队中去。士气高昂的员工，才能使团队充满活力，才会取得好的效益，企业才能取得发展。

每一个人都应该有很强的自尊心、上进心，都不甘落于人后。竞争是激发他们潜能、激发他们斗志的最有效方法。竞争也是激励员工的一种有效手段。不难想象如果没有竞争，那就会没有压力，也就不会有活力，团队也好、个人也罢，都不能充分发挥出其全部的才能。

在现实生活中，人人都是有惰性的。一味地安逸只会逐渐将员工的工作热情消磨掉，逐渐衰减员工的创造激情。当一个员工的工作激情衰减到对团队正处在危机没有意识到，或者即使意识到也无动于衷时，那只能说明这个团队正在走向灭亡。在这种情况下，引入竞争机制，最大限度地激发员工，他们的聪明才智才会尽情地发挥。

2. 引入末位淘汰制

很多企业的人员由以下三种类型构成：①干才，20%左右。这种干才是企业不可缺少的。②以公司为家的勤勤恳恳的人才，60%左右。③整日无所事事的拖企业后腿的蠢材，20%左右。管理者如何增多前两种员工人数，使其更具有工作能力和敬业精神，而减少第三种人数呢？如果对第三类人只是简简单单地采取完全淘汰的方式，那么不但没有解决最初的问题，反而会引发一些新问题，如受到工会的压力；给企业带来一些损失等。其实在这种情况下可以引进末位淘汰制。

末位淘汰制是什么？就是以企业发展的要求为主线，通过各种考核机制，对员工进行考核、排序，并且要实行奖罚措施。业绩差、考核不合格的末位员工将面临降薪、辞退等惩罚。这种方法可以简化机构规模，精减员工。

有些企业员工很多，效率却很低。主要是由于人浮于事的员工太多了，这种人普遍都抱着一种"能推脱就推脱"的工作心态："有×××干呢""凭什么让我一个人来干""等着××回来，大家一起干呗"。如果团队员工的心态都是如此，企业必然会走向衰落，更不要说提升利润了。

通过精兵简政的方式，可以有效解决此类问题。当企业内部人员减少时，员工才会有竞争压力，才会意识到自己必须努力才能留下来。随着人员数量的减少，在某种程度上可以说每个人的工作量也会增加，在一定程度上可以促进提升员工的工作积极性。当然这并不是绝对的，也存在这种情况，即员工的数量虽多，但是很多人是不干事的，那么当这些人淘汰后，对工作量的影响并不大。

末位淘汰制作为一种企业管理制度，必须让员工充分进行了解并且接受。同时，企业也应给予员工一个明确的发展目标、未来的晋升方向等，只有充分认识到这点后，员工才能以更加饱满的心态加入到工作中。

淘汰并不是末位淘汰制的最终目标。末位淘汰制只是作为激励的一种手段，是为了能在一个有压力的氛围中最大程度地激发员工工作的积极性，而不是为了淘汰而设置末位淘汰制。

3. 引入"鲇鱼"，促进活力

当一个团队的工作进入一个较平稳、稳定的状态时，在一定程度上意味着员工的工作积极性会有所降低。这时候可以引入"鲇鱼"，对于团队的工作也好，发展也好，将能起到很好的作用。一个团队中，如果一直有一位"鲇鱼式"的人物，那么团队的活力、好的业绩都会笼罩整个团队。

鲇鱼就是普普通通的一种鱼类，只不过生性好动，也没什么特别。但是自从有渔夫用它来提高长途运输沙丁鱼的成活率后，鲇鱼的作用便受到了越来越多的重视。沙丁鱼，生性喜静，追求平稳。在现实生活中也有像沙丁鱼似的人，即那些对所要面临的危险不能清醒地认识，只是一味地安逸于现有生活的人。渔夫非常聪明地充分利用两种不同性格的鱼类，从而确保沙丁鱼的存活率。渔夫在这个过程中也获得了最大的利益。

引入"鲇鱼式"人物是管理者激发员工活力最有效的措施之一。它表现在以下两个方面：①企业在发展的过程中要不断补充一些新鲜血液，可以引入一些富有朝气、思维敏捷的年轻人，这些年轻人可以引入到员工队伍中，甚至可以引入到管理层，给那些故步自封的、不思进取的、因循守旧的、惰性极大的员工和官僚带来一些竞争的压力甚至危机，唤起"沙丁鱼"似的员工的生存意识、竞争求胜之心以及工作激情等。②企业在发展，其过程是动态的，所以也要不断地引入一些新的东西，如新的管理观念、新技术、新工艺以及新设备，这样才能使企业发展。

鲇鱼效应即采取一种措施或手段，或加入新人，或引进一些新设备、新技术等，激励员工活跃起来，积极参与竞争，从而提高工作业绩。

4. 注意竞争的负面产物

管理者在引入一些竞争机制时，需要特别注意的是任何事情都是一把双刃剑，既有有利的一面，也有有害的一面。竞争也是如此，它所带来的并不完全是积极向上的、正面的，同时也会带来负面产物，如压力、恐惧以及挫败等，特别是一些不正当竞争，它的弊端更是致命的。那种恶性的、无序的、不正当的竞争不仅不会给团队带来活力而取得好的绩效，反而会背道而驰，它只能激起团队成员间的不满、怨恨、仇视以及报复等不良心理，这些不良心理最终会表现在工作中，给工作带来极其有害的结果。

领导者要认识到团队成员之间的关系是相互竞争的关系，并不是斗争的关系，并且这种竞争是在理性的基础上。引入的竞争机制一定要科学、公平以及合理等，执行时也要公正、公平。

为了避免不正当竞争，管理者可以采取以下几点措施：

（1）加强团队精神的学习，让大家明白竞争的最终目的是团队的发展，而不是"内耗"。

（2）对竞争的内容以及形式等进行改革，对于一些直接影响员工利益、能产生彼此对抗的竞争项目，可以选择直接删除掉。

（3）转移、淡化员工间的对抗情绪，这个转移点可以是一个共同的竞争目标或"对手"，如另一家同行业的公司等。

（4）可以组织相关人员开会，把问题讲出来，对于暗算、不协作的行为或者人员进行严厉批评，指出从即刻开始，只有合作才能受到奖励。

总而言之，管理者不仅要为员工创造一个有竞争的氛围，并且这种竞争的氛围应该是良性的，让团队中的每个员工都有竞争的意识并能投身到竞争中去，这样团队的活力才能永远不会衰竭，而团队中的各个成员才能始终充满激情地进行工作。

任何企业、任何人不像机器，永远保持一个高速、匀速的状态进行工作，而是都会经历一些周期，当企业或者个人进入倦态期或者表面一团和气实则乌烟瘴气等状态时，管理者要积极采取措施，要树立员工的竞争意识，引入末位淘汰制或引入"鲇鱼"式人物，但也要注意竞争引起的一些负面产物。管理者需要营造一个良性竞争的氛围，使成员积极地进行工作。

让员工在适合的岗位上尽情发挥

　　小韩是一家企业的人事专员，虽然生性活泼，但是做事马虎，工作常常出现一些小问题，或者小插曲，如找不到应聘者的资料、忘了通知通过初试的人来复试等。电话量没达到要求、也没找到多少员工，自己的业绩做不好，还要受到人事经理的责问，几次下来，小韩活泼的笑脸消失了，工作起来也没有信心了。人事经理在了解到这个情况之后，没有立马辞退他，而是将他调到了另一个岗位——销售。小韩生性活泼，为人热情，擅长与陌生人沟通和交流，所以几天下来，小韩不仅对新岗位没有任何的不适应，反而提升了该产品的销售量。明媚的笑脸又绽放在了小韩的脸上，人事经理以及销售经理对小韩都赞赏有加，小韩对工作越来越有信心，并决心下个月做得更好。

　　实际上管理者要量体裁衣，安排最合适的岗位，发挥员工最大的才能。

　　"金无足赤，人无完人。"任何人都有自己的特长，同时也会有自己不擅长的一些方面。清人顾嗣协的《杂诗》中"骏马能历险，犁田不如牛，坚车能载重，渡河不如舟。舍才以避短，资高难为谋，生材贵适用，勿复多苛求"写得特别好。这是什么意思呢？是指人对于自我要善于客观、公正、正确地认识和分析，在认识自己的过程中，不仅要看到长处，自身的缺点和不足也要认识到。对于自我的优势以及长处要善于发　　做到扬长避短。其实，用人之道也是如此，用人之长，避人之短。事实上成功的管理者都有一套用人的经验，用人之长和容人之短是其中一个重要内容。

　　小韩由于性格等原因对于人事专员这一岗位并不适合，人事经理在了解到他的工作后，并不是采取留他继续上班或者干脆辞退他的方式，而是将他调到了销售这一岗位。最主要的原因是人事经理对小韩这一普通员工进行了认真分析，然后做出了适当的调整，安排他到了适合他的岗位，使他更好地发挥了自己的强项和长处，激发了他的工作信心和工作热情，使他工作起来得心应手，而人事经理也不会因为岗位的错误安排而苦恼。只有将员工安排在合适的岗位干合适的工作，才能充分发挥他们的才能，才能为团队获取最大的价值。

管理者可以从以下几方面入手：

1. 对员工及其工作表现给予分析，做出适合的岗位调整

其实，无论是员工在某个岗位做得好与不好，都应该对员工及其工作进行具体分析及考量，做出最恰当的决定，而不是单一地进行辞退或者升职处理。

当一位员工在一个岗位出现一些问题后，可以对其进行岗位更换，如果进行了几次岗位更换后，这位员工还是失职，那么应该质疑他是不是不适合在此公司发展，甚至可以做出解雇他的决定。

当然对于表现相当出色的员工也是如此，不能直截了当地让他升职。可以对其进行考核，加大工作的难度，观察他能否胜任，如果可以胜任，时机成熟后，可以进行升职。如果一味地将升职作为出色员工的奖励手段，就会发现每一个人都有可能成为下一位升职的对象。最终，这样的升职也起不到激励的效果，反而会弄巧成拙，引发一些其他的问题。

2. 让钉子和螺丝各司其职，发挥其功能

一个好的团队就好比是一部正常运转的机器，团队里的每一位员工就是组装机器的一个个零件。造成这个机器运转不好的情况并不单单只是一个或几个零件出现故障，也有可能是在零件安装的时候就出现了错误。只有在各就其位、各司其职的情况下，机器才会高速运转，才能保障生产效率。

管理者既是这台机器中的一个零件，也是这台机器的组装者，所以一定要将员工安排到合适的岗位上，保障团队工作的顺利进行。

每个管理者都希望自己的员工能够独当一面、面面俱到，都是人才，都是精英，但这只是管理者的美梦罢了。成功的管理者不是手下的员工个个都是人才精英，而是善于将团队中的每一位成员的能力进行最大限度的优化组合，让每一位员工的才能都能在其岗位上得到最大限度的发挥。

3. 人尽其才，物尽其用

著名管理学家德鲁克指出："有效的管理者择人任事和升迁，都以一个人能做些什么为基础。用人决策不在于如何减少人的短处，而在于如何发挥人的长处。"每个人都有长短处，没有任何缺点的人是不存在的，不具备任何闪光点的人也是不存在的，管理者管理有效的秘诀之一，就是如何使员工扬长避短，即使其长处最大化地发挥，避开其短处。

即使员工是一匹千里马，也要有伯乐才行。一位成功的管理者总是能给员工提供一个展现自我的空间，让其尽情展示自我，发挥其才能。"人尽其才，物尽其用""木匠手中无烂木"。从某种意义上说，会用人的管理者，可以让每个人都派上用场。"智者不用其短，而用愚人之所长也"。事实上，大多数人才的缺点很多也很明显，如果管理者求全责备，就会发现麾下无人可以用。

4. 不能过分地看重学历

一般人认为有本科学历、硕士学历、博士学历的人，经过国际著名公司培养的人，或有着显赫的工作经历的人，就是稀缺的、难得的人才。实际上，再难得的人才，也会出现这样或者那样的问题。在现实的职场中，很多"空降兵"总是高开低走，败阵而归，究其根本就是对本土环境的不适应，甚至是厌烦。其实每一个人对于一个陌生的环境一开始甚至一直都会有些不适应，会对这个城市的文化、环境等因素喜爱不起来，这些情感有可能会带入工作中，所以不能只凭学历用人。这里并不是对于学历的重要性予以否认，而是强调以能任人、凭才任人，而不是局限于他的学历。

5. 努力不一定就能做好

"你好好学，一定能学好""好好干一定能干好"，这样的话不仅能在职场中听到，在生活中，也屡见不鲜。还有人有这样的想法——这个人最大的弱点就是他进步的最大机会。如让一个五音不全的人去学唱歌，即使加倍努力，所取得的效果也不会多好。其实这都不是成功的管理者所遵循的。

　　成功的管理者认为：①每个人的才干都经久不变，与众不同。②每个人最大的成长空间在于其最强的优势领域。所以，成功的管理者总让员工去发挥自己的优势，而非改变自己的劣势。普通管理者和成功管理者正是由于这种观念上的差异，才最终导致结果上的不同。

　　一个好的团队中应该有各种各样的人，他们都有自己的一技之长。管理者需要将员工的优缺点甚至个性了如指掌，安排到适合的岗位，激发其潜在的能力，让他们发挥最大的才能，这样的结果自然是皆大欢喜。

第四章

团队裂变之恩威并施
——能分是态度，敢分是胆量，会分才是智慧

什么是股权？是指股东基于股东地位、可向公司主张某种权益或承担一定责任的权利。股东是股权的主体，股东可以是自然人，也可以是法人。

股权也是一项权利，角度不同，分类也不同。

（1）普通股东权和特别股东权。这种分类是根据股权主体是否有特殊性进行分类的。前者是指一般股东所享有的权利，后者则是特别股股东所享有的权利。

（2）自益权和共益权。这种分类是根据股权设立目的而设置的。自益权是指为股东自己的利益而行使的权利，如剩余财产分配请求权、新股优先认购权以及股息和红利的分配请求权等；共益权则是股东为公司的利益而行使的一些权利，这些权利包括请求召集股东会的权利、表决权、账簿查阅请求权以及请求判决股东会决议无效的权力等。

（3）单独股东权和少数股东权。这种分类的依据是根据股权的行使是否达到一定的股份数额为标准。单独股东权是指股东一人就可以行使的权利，包括一般的股东权利；少数股东权是指其股份数额并没有达到一定的股份数额，没有行使某些股东权利的权力。

有限责任公司的股东之间是可以将股权转让的，全部股权或者部分股权都可以。而如果转让的对象并非是股东，则需要半数股东同意之后才能转让。如果有超过半数股东对于转让持反对意见的话，则这些持反对意见的股东就要购买该转

让的股权，如果这些股东也不购买的话，就可以看作是同意转让。

有限责任公司的成立是建立在股东相互信任的基础上的。依据我国《公司法》，自然人股东死亡后，合法继承是可以继承股权的，但是，公司章程另有规定的并非如此。

关于股权的理论和知识还有很多，在此就不一一进行叙述了。

分股权就是和员工平起平坐

浙江省金华市的冯总跟笔者说公司有一个跟着他干了很长一段时间的老员工要辞职走人，冯总说他已经用了很多的激励方法去挽留这位老员工，但是这位老员工都无动于衷，执意要离职。笔者就问冯总这个员工为什么执意要离职？冯总回答说："他在这里工作是不错，在外人眼里工资高、待遇好，但是他自己感觉看不到未来的发展前景。"冯总解释说："他工作非常努力认真，在他工作的领域也算是能力非常强的，但是为什么他看不到在公司里的发展前景呢？实际上他目前的薪资待遇在业界已经算是很高了，在未来的几年内，如果他提出加薪要求的话，我也会给他涨，但是涨的幅度不会太大，这点我想他自己也很清楚。"

笔者就对冯总说："通过你对这位员工的描述，可以看出来这位员工的能力很强，并且是有一定的野心和抱负的，如果你对这位员工实施股权激励的话，不但能够留住这位员工，而且笔者相信他肯定会付出更多。如果他能够跟着企业一起发展，笔者想是可以为企业创造利益的，他自己也可以得到更多，是可以实现共赢的。何乐而不为呢？"冯总听了笔者的建议，说："我是一名老板，他是一名员工，如果对他实施股权激励，给了他股权，那不就等于让他做了老板，我怎么能和他平起平坐呢？"

对于上述现象，管理者要认识到以下两方面的内容：

1. 思维误区

也许有很多人会问，会有冯总这样的管理者吗？笔者可以肯定地告诉你，有，并且有这种思想的人还不在少数。实际上这是一种思维误区——老板就是老板、员工就是员工，这是传统的经营思维，在如今的职场中，这种思想显然已经跟不上企业的发展。

2. 思维弊端

如果一家企业中的管理者是这种思想的话，笔者认为在工作过程中这位老板会感觉到非常累，是因为他们认为自己是企业的真正主人，企业需要自己操心，也只有自己管理企业才能放心。员工在这些管理者的眼里只是听自己命令做事的人，他们自己本身对工作、对企业是没有主动性、积极性以及热情的。而在员工的心中，公司是老板的，也不是自己的，自己也不需要对企业的亏损或者盈利负责或者操心，只要自己能拿到自己应得的工资就可以了。

实际上如果企业的老总是这样想的话，结果就是老板只关注员工的业绩，根据业绩发放薪资。而员工关注的点也只是企业的绩效指标，什么和自己的薪资挂钩，就会做什么，其他的也不会主动去做，更别提企业的整体利益，也别提企业的长远利益。

实际上如果企业的老板是这种思想的话，不仅企业老总累，公司的员工也得不到发展，公司发展得也更加缓慢。

管理者可以从以下几方面进行解决：

1. 转变经营思维

究竟这家企业是谁的，谁来操心这家企业？实际上这和企业的管理者息息相关。如果管理者认为企业是自己的，那么也就只有他自己对企业是全心全意地付出。如果企业的管理者认为这家企业也同样是员工的，那么员工也同样会花费心血去经营公司。如果企业的管理者认为企业同样是社会的，那么社会大众也是会去操心企业的。所以说，企业是谁的，就看管理者怎么看待了。

实际上如果经销商有了这家企业的股权，那么经销商就是这家企业的老板；如果员工有了这家企业的股权，那么员工就是这家企业的老板。如果是这样的话，就没有真正意义上的老板与员工了，老板与员工之间的界限也就不是那么清晰了，企业也将进入一种无边界的管理范围。

一旦拥有企业股权，就意味着你不仅可以获得更多的利益，同时承担的责任也会更多。此外，拥有股权的员工的归属感会比没有股权的员工更强烈，而且工作的投入状态会更好。他们的努力工作可以为企业取得更多的业绩，即为企业赚取更多的利益，从而自己也可以从中获得更多的利润。他们一方面在为自己争取利益，另一方面也推动了企业的发展。

有一些管理者不愿将企业的股权分给员工，也就是说不愿将自己的股权稀释，但是管理者需要看到的是虽然将股权稀释等同于和其他人进行了利益捆绑，但是老板肩上的担子也被别人分担了，在一定程度上老板获得了自由和解放。

此外管理者也要认识到能和你分股权的不仅是你的员工，还包括经销商等，如果外部老板成了你的员工，他们自然也为自己、为企业出谋划策，为企业以及企业产品等进行宣传，这在某种程度上，颠覆了传统的经营思维，但是也会让企业发展得更加容易。

股权激励的对象不只包括员工，还包括竞争对手、合作者等很多人，与公司利益有关的人都可以是企业老总稀释股权的对象。通过股权激励的实施，可以让企业发展得更好更快。

2. 管理者要懂得有舍有得

股权激励，一方面，考验的是管理者能不能舍，有舍才有得。对经营管理者进行股权激励，需要舍利益、舍权力，这样才能使管理者得到更多的利益。如果管理者没有舍得这种思想，股权激励不过只是一种形式罢了。另一方面，管理者也要明白股权激励不是乱舍的，舍多了不一定能得到更多，需要管理者掌握分寸。

企业在实施股权激励时，会出现如图 4-1 所示的几种情况。

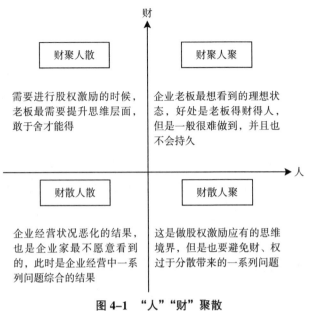

图 4-1　"人""财"聚散

下面对图 4-1 进行具体分析。

（1）财聚人散，管理者不敢多给，导致没有起到激励性的作用，员工没有斗志。

（2）财散人散，管理者很大方，给予员工很多，但由于一次性得到太多，员工也很容易没有干劲，一心只想着过舒适的生活。

（3）财散人聚，这也是管理者实施股权激励希望能够达到的效果。

（4）财聚人聚，这是一种最理想的状态，但在现实工作中很难达到这种效果，即使做到，也很难持久。

3. 实施股权激励的作用

在这里主要介绍一下股权激励针对员工所起到的作用：

（1）激励员工。如果员工拥有或者部分拥有企业的部分股权的话，就可以用股权这个纽带将员工、企业以及所有者的利益捆绑起来，使他们可以自觉、积极地完成企业既定目标的要求，为了实现股东、企业利益的最大化而更加认真和努力地工作，这不仅释放出了人力资本的潜在价值，还促进了监督成本的降低。

（2）约束员工。约束作用主要体现在以下两方面：一方面是员工与企业通过股权这个纽带在一定程度上已经形成了一荣俱荣、一损俱损的利益共同体，一旦员工工作不努力，或者由于其他原因最终使企业的利益受到一定的损害，如出现亏损，这时候员工也会和其他股东一样要承担企业所遭受的的损失；另一方面是通过一些限制条件（如限制性股票）使员工不能随意或者太轻易就可以离职。如果员工在合同期满前就离职的话，则会损失一笔不小的既得经济利益。

（3）改善员工福利。实际上实施股权激励更适合那些效益状况良好且比较稳定的企业，一方面是这些企业的股权对于员工来说具有很大的吸引力，对留住人才是一个非常有效的手段和措施；另一方面是实施激励面比较宽的股权激励可以使很多员工通过股权激励参与分享企业利润，有十分明显的福利效果。此外，这种福利作用可以促进企业员工凝聚力的提高，有利于形成以"利益共享"为基础的企业文化。

（4）稳定员工。实际上很多股权激励都对激励对象利益的兑现附带关于服务期的限制，使其不能轻易地就将"去留"说出口，特别是企业的管理层以及骨干人员，如高管人员、销售骨干、技术骨干等"关键员工"，股权激励的力度一般比较大，所以股权激励对于稳定"关键员工"的作用特别明显。

（5）降低成本压力。对于任何一个企业而言，现金流以及人才都是影响企业发展，甚至是影响企业生死的重要因素。可以这样打比方来形容这两者的重要性：企业如同一个人，那么现金流如同血液，人才就如同大脑和四肢。如果缺乏现金流，企业就无法开展正常运作，不仅生产效率相当低下，而且会一直衰退，直至走向灭亡；如果没有人才的话，企业就不会取得发展，也不会繁殖，不会壮大，只能苟延残喘，可能最终也难逃走向灭亡的厄运。

但是，大多数企业在创业初期和发展期都存在着很大的压力，如资金压力，特别是现金流的压力，很难给员工奖励，包括不能给予高管人员和核心人员比较高的现金工资或者奖励。管理者想要达到既要马儿跑，又要马儿"少"吃草的状态，这该怎么处理呢？

上通过一定的激励手段，如奖励股份、持股经营等，这样就可以相应地降低现金类的报酬，如员工的工资、奖金等，这样不仅可以将创业成本大大降低，还能使员工的努力与企业价值成长紧密相连，极大地提高员工积极性。

在经济学中有一句名言：没有成本，是不可信的。股权激励并不是真的将激励成本降低了，只是将当前的成本延迟至几年以后支付。暂时地对成本进行降低，这样就将现金流的压力减轻了，这对企业的作用是非常重要的。

4. 深入了解股权

实际上有前文例子中的那种思想的企业老板都不太了解股权，更别提让他对员工实施股权激励了。

股权激励的效果之所以有效，主要的原因是它的财富效应，不仅能够调动员工的工作热情和积极性，还能够留住很多管理层以及技术骨干等人才。尤其是企业在上市和融资的过程中，财富效应会更加明显。

股权也可以说是一种无形的权益凭证。为什么这样说？是因为有了股权，便可以获得相应的收益。如果公司章程允许的话，股权可以质押贷款、退出套现等。

有了股权就等于拥有了某些权力。如果一名员工有了公司的实股，那这名员工可以拥有相应的一些权利，包括经营权、表决权、收益权、分红权、所有权等。这些股权实际上不分比例大小，即使一些员工的股权比例非常小，企业也是不能剥夺他们的权利的。

股权的稀缺性，主要是一家企业的股份是100%，当别人有30%的时候，你有70%；别人有80%的时候，你就只有20%。因此企业的老板要注重设计企业的股权激励方案，当有投资人要进入时，要同比例稀释所有持股人的股份，而不是直接减少创始人的持股比例，从而来保障自己的股权控制地位。

一些企业的老板在管理企业的过程中存在思维误区。例如，自己就是老板，下属就是下属，怎么可能他们也是老板，和自己平起平坐呢？实际上这是一种传统的经营思维。对此，企业的老板要转变自己的思维，认识到股权激励的作用，如激励员工、改善员工福利、约束员工与稳定员工，让员工与你与企业风雨同舟，实现共赢。实施股权激励不仅可以促进企业不断取得发展，员工在这个过程中也可以获得更多的利益，从而为企业更加努力工作。

待遇很高还离职

浙江金华的臧总跟笔者说因为公司里一位老员工的离职，最近让他很头疼。老华跟着他干了十年了，在这十年中，臧总将只有几个人的小公司发展到有好几家连锁店的大公司，经历的风风雨雨也只有跟着他一起走过来的几位员工清楚，而老华就是其中之一。尽管一起经历了十年的风风雨雨，那也没有经受住金钱的诱惑。从年初开始，老华就表露出要离职的想法，但是臧总也表达了挽留他的意愿。臧总承认老华在公司不断发展的过程中为公司贡献了很多，但是我待他也不薄。"在公司里给他的薪资是最多的，过年过节都给他家送礼物。他和他儿子过生日的时候，我都全家出动，两家一起吃晚饭，去游乐场或者出去旅游，他却觉得我给他的待遇不好，跳槽到其他公司。他怎么就不知道感恩呢，真是白眼狼！"

面对员工的离职，管理者应正确认识以下几方面内容：

1. 正确看待员工离职

人才流失是每一个企业管理者都害怕面对的问题，也是每一个企业管理者都不想看到的现象。但是企业管理者应该正确看待员工离职这个问题。企业的发展如同一辆前行的火车，尽管这一站有很多人上车，但是也有很多人下车，管理者不要期望每一个上车的人都同这列火车一起驶向远方，因为每一个人的发展方向和目标并不是一直和火车是一样的，当出现分歧的时候，他们自然会选择下车。所以每一位企业管理者要正确看待员工离职。但是为什么管理者都清楚员工离职是一种正常现象，还是会有这方面的困扰呢，主要是因为一些高管级别以及核心员工离职对企业造成的损失很大。还有一些管理者除了认为这些员工的离职会对企业造成很大的经济损失以及人才流失之外，还想不通的是平日里自己对这些员工不薄啊，这些员工的薪酬也已经是公司里最高的了，虽然在业界不一定是最高的，但是也绝对属于中上等，为什么他们还是会跳槽，怎么就留不住他们的心呢？

中国有句俗话说得特别好，就是有钱能使鬼推磨。每一位员工在工作中不仅要实现个人价值，更多的员工工作是为了能够获取相等的报酬，所以在面对更多的金钱诱惑时，他们当然会选择更高的报酬。所以管理者不要想不通这个问题，这也怪不了员工，只能说你给员工的钱没给到位而已！

2. 管理层以及核心员工的离职让管理者头疼的原因

为什么这些员工的离职会给管理者造成这么大的困扰？主要是因为以下两方面：

一方面是这些员工的离职会让企业的工作链出现断裂。如果这个离职的员工在某个岗位工作了很长一段时间，他离职后，招聘的新员工在该岗位需要磨合的时间，并且在短时间内是达不到老员工的工作水平的，那么在这个阶段内就必然会对企业经济利益造成一定的损害。

另一方面企业的培训成本增加了。员工的培训不仅需要人力，还需要物力等。这些员工的离职，就要从零开始对新员工进行培训。这在无形中就增加了企业培训的成本。

这些高职员工能做到高管层或者处于团队的一个核心位置，说明这些人是具备某些公司需要的能力的。更为糟糕的是这些人离职后，在一段时间内，企业并不能找到这样的人才，或者说储备的人才达不到这个岗位所需要的特质。这样的情况才是管理者真正头疼的。

3. 员工离职的缘由

每一名员工离职都是有一定原因的，总结一下的话，无非是两方面，一方面是主观因素，另一方面是客观因素。

从主观因素来看，包括以下几个内容：①家庭因素。一部分员工离职的原因是因为家庭因素。例如，家人生重病，需要花费很长一段时间以及精力来照顾病人，没有时间以及无法在工作中投入更多的精力，所以会选择离职；家人去世，有些员工会因为家里有亲人去世，在心理上承受着很大的压力，或是一时接受不了，选择离职休息一段时日，安抚自己的内心；家人生重病，需要花费，所以选择离职，谋求更高薪酬。②为了实现个人的价值。有些人做某份工作并不是自己真正喜欢的，有可能只是为了有个事情做或者赚取一定的金钱，当有机会实现自己的理想或者个人价值时，就有可能选择离职。2015 年 4 月 14 日早晨，一封辞职信彻底火了，在微博、朋友圈等社交网站上引起了网民的极大关注以及讨论，辞职的理由仅有 10 个字："世界那么大，我想去看看。"这封简短的辞职信被称为史上最具情怀的辞职信，没有之一。这位女教师的辞职信火爆的原因之一就是她勇于追求自己的理想，而她的这个理想是很多人只敢想却不敢做的。

从客观因素来看，也有很多种情况。例如，与同事、上级之间的关系紧张，已经对工作造成一定的影响，很多企业内部的人际关系复杂，有些员工认为在这样的企业环境中工作不利于自我发展，选择离职；企业发展空间有限，公司规模小，员工感觉在这里看不到未来发展的方向，在这里能力也得不到提升，所以希望寻求更大的发展空间和平台；薪酬没有达到员工的要求；等等。

某些员工之所以会选择离职，根源就是这些员工的发展方向以及目标和公司的发展方向以及目标不一致，发生了偏差，导致了利益冲突。这时候需要有人让步，要么是管理者让步，要么是员工让步，而大多数情况下是员工让步，让步的方式就是离职！

面对这个问题，管理者可以采取以下几种方法：

1. 采取股权激励

如果管理者无法成就员工，员工当然会选择离开管理者和企业；企业如果无法成就投资者，投资者自然也会弃企业而去。实际上股权就等同于筹码。当企业的管理者敢于用股权来成就员工时，员工当然会留在企业和老板身边。当企业敢于用股权来成就企业外部有相关利益的人时，外部资源自然也就会围着企业转。

一方面，企业发展到一定规模时，管理者就需要对员工采取股权激励模式，通过这种方式来留住员工以及激励员工。那么股权激励到底是什么？股权模式的实质是让有股权的员工成为企业的主人，参与到企业的管理工作中，通过群策群力的方式，集体为企业的发展出谋划策。通过对员工采取股权激励，也可以使公司的决策更加透明，在一定程度上防止发生企业集权现象。由于股权人变多，公司的决策权、财产使用权等就会有更多的人参与到其中，这样就在一定程度上保障了公司决策的公开性、透明性以及公正性，防止集权现象的发生。

另一方面，对于有股份的员工来说，自然会把企业看成自己的企业，把企业的事看成自己的"家事"，当然会投入百分之百的精力去工作，为企业做贡献，也为自己赚取更多的钱。管理者采取股权激励实际上也有助于拉近员工、股东以及企业之间的距离，让三者融为一体，荣辱与共。如果企业发展得很好，三者可以共同获得利益；如果企业发展得不好，亏损了，三者将共同承担亏损。

股权激励的实施有助于增强员工的认同感以及归属感，可以进一步激发员工的热情、积极性以及创造性。管理者通过实施股权激励制度除了可以留住人才以及激发员工外，还可以有效地吸引优秀人才。为新员工预留同样的激励条件，给新员工很强的利益诱惑，对于他们来说具有很大的吸引力，从而可以聚集很多优秀人才。对于管理层来说，未来高额收益同样具有巨大的诱惑力和吸引力。对有抱负的员工来说更重要的是一个有自己份额的事业平台，是实现其自我价值最适合的选择。

2. 用股权留住员工

企业发展到一定阶段的时候，管理者就需要采取股权激励去管理企业。股权激励可以让员工拥有决策权，并且与企业荣辱与共。科学有效的股权激励就等同于企业的发动机，这可以在很大程度上激发员工的工作热情，让员工心甘情愿地为企业发展做贡献。

天下没有免费的午餐，股权激励也是如此，每种形式的股权激励都是有一定的附加条件的，如规定购买股份的员工在多少年内不能离职等。这就对员工起到了一定的牵制作用，你想要获得更多的利益，你受到的限制也就越多。所以采用股权激励的方式对于留住高管以及核心员工来说具有很大的作用。这也就很好地解决了臧总的问题，员工想要更高的薪酬待遇，臧总可以给予他一定的股权，同时对他也要有一定的约束。这种激励方式不仅能够吸引行业内顶尖人才，也可以吸引内部核心员工，让员工没有离职的想法。这在一定程度上就可以避免人才流失，避免给公司造成损失。

员工薪酬组成的基本因素包括工资、奖金和补贴等，但是这些只能满足员工短期的利益需求。而股权激励能够促进员工长期潜在收益的提高，维系公司的平稳发展。但是也不是每一位员工都是股权激励的对象，必须对员工做出长期考察，当他满足条件后，才能适当给予公司股份。

高薪激励老员工没用了

浙江温州的李总在创业初期，有几个和他志同道合的人，不怕累不怕苦，经常加班到凌晨，从早到晚拼命地干。公司发展很迅速，仅仅经过十几年的发展，员工的人数就从几个人上涨到上百人，月收入也由原来的几万元发展到上百万元。企业的规模扩大了，员工人数也增多了，但是李总很明显地感觉到，员工的工作积极性越来越低。

"是不是给他们的薪资低了？松下幸之助说'高效率、高薪资'，现在公司取得了一定的发展，这些成就都和员工们分不开，提高员工们的待遇也是一种不错的手段。"李总想。所以企业在薪酬制度方面进行了重新制定，大幅度提高了员工的工资，并且对办公环境也进行了重新装修。

加薪的效果很好，所有的员工都热情高涨，工作起来都十分卖力，企业的精神面貌也焕然一新。但是这种势头只维持了不到三个月，就又回到了加薪前的景象，大家都无精打采、懒洋洋的状态。这是怎么回事？对于这种情况李总既苦恼又彷徨，有些不知所措。

管理者要对老员工的特点进行了解。

老员工是企业开疆扩土的功臣，他们既是企业发展的见证者，又是企业发展的推动者。在这些功臣中包括很多种类型的员工，如企业创业之初破草开荒的元老、企业发展前进中的劳动楷模、企业发展改革的先锋等。

但随着企业的发展，这些员工的工作热情就仿佛抛到了九霄云外。总有那么一些员工，混迹职场，始终过着"当一天和尚撞一天钟"的生活。这令管理者很头疼，他们曾经战功累累，虽然现在没有突出的业绩，但是也不会犯什么大错误，这样的员工不仅不能为企业继续创造一点儿利润，还消耗着企业的资本，如同鸡肋一般，"食之无味，弃之可惜"。更让管理者头疼的是，这类人并不是一个或者两个，而是为数众多，总不能将他们都开除吧。为此，管理者想破了脑袋也没想出一个万全之策来。

还有一些老员工自以为是，认为自己是业内比较顶尖的人士，企业曾经的贡献和辉煌都是由他们创造的，时间久了难免会出现懈怠、懒惰。如一些做销售的老员工，他们手里有固定的客户源，在面对一些新资源时，他们并不是积极争取，反而可能会选择放弃，因为他们认为老客户以及老客户带来的一些客户已经足够了。他们认为自己的手里握着万能钥匙，可以打开任何门，所以即使自己偷懒也没关系。

这些老员工可能会出现以下现象——激情不再、因循守旧、不思进取等，但这些现象的出现也不能否认的是：曾经的他们是企业不可缺少的支柱，为企业的发展投入过很多的精力和心血；如今，他们仍然是企业不可或缺的精神支柱，对企业的稳定起着基石的作用；在未来的某一天，他们可能还会为企业的发展不遗余力地贡献自己的力量。

管理者需要认识以下两方面：

1. 给老员工实施股权激励的好处

在企业获得发展，即企业这块蛋糕做大以后，管理者应该将这块蛋糕分给老员工一块，回报老员工。这样做的好处有以下两方面：

首先，经验积累。中国有句俗语叫作"老将出马，一个顶俩"，这句俗语说明人们对经过岁月洗礼的经验和智慧是非常期待以及信任的，经验是多次历练后萃取的精华，而智慧就是洞悉世事的从容与沉稳。

对老员工采取股权激励，可以让他们重新点燃工作的热情，提高工作积极性，全心全意地为企业服务。他们的经验，对于工作来说，就是效率和保障；对于企业来说，就是无形的财富；对于新员工来说，就是鲜活的教科书。所以企业需要老员工，需要他们丰富的工作经验。他们的经验就如同稀缺性资源，而这种经验与企业的环境结合起来，就是一种不可替代性资源。

其次，促进内部和谐。老员工一般在企业中都工作了很长一段时间，地皮混熟了，他们也许会居功自傲，也许会拉帮结派，也许在遇到热情、积极且薪酬更高的新员工的挑战时，还会产生一些不平衡的心理，然后自发地形成一个联盟排挤新员工；还有一些老员工们由于是企业发展的见证者，对企业的方方面面如数家珍，肆意品评，这样的行为很容易使不明就里的新员工丧失判断的标准，从而丧失工作积极性。

对老员工采取股权激励的措施，可以让他们真正成为企业的主人，不但可以避免上述情况，还可以让老员工自觉地为新员工树立榜样，引导、帮助、爱护新员工，促进企业内部和谐，促进团队凝聚力的增强，促进团队工作积极性的提高。

2. 实施股权激励的误区

对于老员工来说，由于他们的经验在企业中是很丰富的，工作时间在企业中也是比较长的，所以他们的薪资相比新员工来说，显然要高。获得股权激励的老员工相比没有获得股权的新员工来说，他们两者的回报来源是不同的：前者是"工资＋奖金＋股权收益"，而后者只有"工资＋奖金"。

需要注意的是：如果在预留股份方面缺乏系统规划以及长远考虑，就会使老员工的报酬远远高于新员工，但是随着企业的发展，老员工的贡献并非一定比新员工高，这必然会对新员工的工作积极性造成一定的挫伤。

有些员工随着企业一同发展，但是他们的贡献以及工作的积极性可能会随着企业的发展以及他们自身的变化而降低，但是管理者不能一刀切，将他们开除。他们曾经对企业做出的贡献是不可否认的，他们的经验对企业来说、对新员工来说也都是不可或缺的，所以企业还是需要他们的。管理者可以通过采取股权激励提高他们的工作热情以及积极性，让他们发挥出自己的才能。

什么样的员工适合实施股权激励

江西赣州的胡总说他企业中前几年来了一位销售人员，叫小陈，工作积极性高，不仅业绩在所有销售人员中数一数二，在平时的工作中，也乐于帮助其他同事，向其他同事分享他的销售经验。尽管他来的时间相对来说不是那么长，但是就销售部门来说，可以算是一位骨干销售人员了。但是最近由于公司在做一些改革，企业的发展方向有了一些新变化，与之前销售的产品不一样。他与企业有着不一致的意见，产生了分歧。他认为这个产品并不符合市场的需要，三番两次地表达他的担忧以及看法，认为企业如果销售这个产品，必然会走向失败，更别提发展了。

胡总就问道："从小陈三番两次地找到我，跟我聊天的过程中，我也能感觉到他的担忧，这也是担心企业发展的一种表现，现在他与企业的发展方向不一致，我很担心他会提出离职。我是将他作为预备管理层人员来培养的，他的工作能力以及人际关系方面都很强，我相信以他的能力，是可以把新产品的销售做好的，所以说如果用公司的股权来激励他，你认为怎么样？"

笔者就问胡总说："首先不管他能力如何，如果企业发展的方向向东，但是他不信任企业的决策，与企业发展的方向不一致，他偏不往东，你认为他会和企业一同发展吗？他会离职也是必然的事情。"

1. 什么样的员工可以给予股份呢

有些管理者实施了股权激励，但是在股权激励实施的过程中，难免会遇到股权激励实施的对象是谁的问题。这个员工值得我把股权给他吗？这个问题也常常困扰着管理者。那究竟什么样的员工适合管理者将股权交给他们？

笔者认为管理者可以考虑对以下三类员工，采取股权激励。

（1）对于企业的文化、使命以及价值观等认同的员工。如果连公司文化、使

153

命以及价值观等都不认同，这样的员工必然不会与公司并肩前行。

（2）认同公司发展方向的员工。如果一个员工质疑公司的发展方向和发展前景，没有足够的信心跟着企业一起发展，那么这个员工随时都有可能会跳槽到其他公司，管理者对于这样的员工坚决不能给予股份。

（3）工作多年、经验丰富的核心人才。一些基层的店长、大区总经理等，这些人经验丰富，掌握着公司的很多内部信息，同时对于公司的发展有着非常重要的作用，这样的员工可以给予股份。

2. 不能给予股权的对象

我国关于股权激励计划的激励对象的界定范围非常广。可以这么说，只要是企业中的一名员工，只要企业管理者认为有必要，就可以对其采取激励对策。当然，下列人员不能成为激励对象：

（1）独立董事。

（2）监事（备忘录 1 号最新规定）。

（3）原则上持股 5% 以上的主要股东或实际控制人不可以成为激励对象（除非股东大会表决通过）。

（4）激励对象不能同时参加两个或两个以上上市公司的股权激励计划。

（5）最近 3 年内由于重大违法违纪行为被中国证监会予以行政处罚的。

（6）最近 3 年内被证券交易所公开谴责或宣布为不适当人选的。

（7）《中华人民共和国公司法》规定的不得担任公司董事、监事、高级管理人员的。

3. 股权激励的对象并不是每一位员工

除上述人员不能成为股权激励的对象外，还有一些员工也是不能成为股权激励的对象的。股权激励尽管可以促进员工的福利待遇以及工作热情的提高，但股权激励的对象并不能泛指公司里的每一位员工。公司里也不是每一位员工都可以享受这个福利，股权激励的作用是拉动企业绩效的动力。管理者不能对员工采取"撒胡椒面"的方式来实施股权激励，要避免在股权激励的实施过程中出现一些不好的现象，如"搭便车""大锅饭"等。

管理者要对股权激励对象的资格确认、权利行使条件等进行严格的量化，对行权条件进行界定时，对公司的业绩以及激励对象的个人业绩进行从严考量。如果业绩条件很宽松的话，不仅不利于调动员工的积极性，还容易引起非股权激励对象的非议。

管理者可以从以下几方面入手：

1. 确定成为激励对象的因素

管理者在决定究竟哪些员工有资格成为股权激励的对象时，是具有相当的灵活性的，一般企业中并没有严格的规定或者标准来确定激励对象。但一般而言，企业确定激励对象时会综合考虑以下两个方面：一方面是企业的发展阶段，另一方面是员工自身的资格。

（1）企业发展阶段。

在对激励对象进行考量的时候，还要对企业的发展情况进行考虑，因为企业在不同的时期，其发展重心是不同的。从企业的发展阶段进行划分的话，可分为四个阶段：初创期、发展期、成熟期以及衰退期。企业所处的发展阶段不同，重点激励对象也有所不同，并随着企业的不断发展而对激励重心进行不断调整。

第一，初创期。一般处于创业期的企业，它的规模是比较小的，企业的发展目标也很明确，技术或产品研究与开发是其主要工作内容。这时候的企业人员结构也是非常简单的，在企业的各类人员中所占比重最多最大的就是技术人员，其作用也是最为重要的。所以企业在此期间的决策与管理相对以后发展的企业来说也是比较简单的，并且就我国的现实情况来讲，专门的管理人员是少之又少的。技术人员不仅要完成主要的市场开拓工作，还要完成企业的管理工作。所以在初创期间，股权激励的对象可以是以下几方面的员工：已经在企业技术研发中做出卓越贡献的员工、将对企业技术工作有着卓越贡献的技术骨干以及掌握企业核心技术的员工。

第二，发展期。当企业进入发展期时，说明其研发工作基本完成了、产品也大都定型了、各类人员也基本都到位了。技术、市场以及管理等工作也渐渐地分开，分别由专业的员工来担任，企业进入高速发展阶段。在这期间，企业中的技术人员尽管仍然占据着十分重要的地位，但随着企业的规模不断扩大，其他员工的作用也日益凸显出来，如管理人员以及市场人员等。所以在这个阶段，企业的经营管理层、市场营销骨干以及技术骨干都可以是股权激励的重点对象。

第三，成熟期。当企业进入成熟期时，也就意味着企业进入了大规模生产和销售的阶段。原有技术和产品的研发工作都已经完成了，在现有技术和产品的基础上企业的规模已基本达到最好的状态。企业经营管理人员以及技术人员的工作重心都在悄然地发生变化，不断拓展新的企业发展方向是企业经营管理人员的工作重心，不断寻求和研发新的技术和产品是技术人员的主要工作。所以企业处于这个时期和阶段，要想有新的发展，企业管理层的决策占据着十分重要的作用。因此在这个阶段，企业管理层以及新技术的研发人员可以是企业股权激励的重点对象，企业管理层股权激励的比例需要提高，企业管理层的激励力度也应该加大。

第四，衰退期。如果企业进入衰退期，那就意味着企业原有技术以及原有产品都呈衰退的状况，原有产品的生产和销售数量也会不断地呈下降的趋势，而原有的股权激励对企业发展的意义也没多大了，即原有的股权激励对企业的发展没有什么作用了。因此这个阶段，寻找新方向、研发新产品是企业工作的重中之重。这两个方面决定着企业能否进入再造阶段，能否开始新一阶段的生命周期。所以，企业管理层的决策以及新技术、新产品的研发对企业来说都是非常重要的，企业经营管理层以及新项目的研发人员，尤其是直接关系到企业再造的关键人员都应该是股权激励的重点对象。

（2）员工自身资格。

员工自身资格主要是指员工的这几个方面，包括职位、工龄、业绩以及能力。

第一，职位。可能有的管理者会产生疑问，是不是只有高层管理者才是股权激励的对象，中层管理人员是不是也可以参加呢？是不是只有董事才是股权激励的对象，包不包括所有的员工呢？实际上，员工所处的职位也是一个比较好的评判标准。职位不仅体现一个人在公司所处的地位，而且还体现着更多的东西，如与职位相对应的责任与贡献。一个员工的职位越高，就表明其所要承担的责任越大，对团队以及企业所做的贡献越大。依照职位高低为标准的优点在于能够比较好地根据员工对团队的贡献、对公司业绩的最终影响来确定员工是否能够获得股权激励，且在一般情况下能够被大部分员工所接受。

第二，工龄。实际上工龄也是一个决定是否能够有资格获得股权激励的重要的参考因素，因为在传统的观念中，股权激励是一种长期的薪酬制度，只有一直跟随企业的忠诚员工才可以成为受益者，如果那些频繁跳槽的员工也同样有资格获得股权激励的话，巨大的薪酬费用支出会让企业遭受非常大的损失。也就是说，只有那些在企业中已经工作了一定的年限，并且还愿意与企业一同发展下去的员工，才有资格获得股权激励。有的股权激励规定那些在公司已经工作了 2 年、3 年或者公司认为更高的工作时间的员工才有资格获得股权激励。另外，获得股权激励的员工还需要留在公司，继续工作 5 年、10 年，甚至更长。

第三，业绩。不管你是黑猫还是白猫，抓住老鼠的就是好猫。这位员工可能不是企业的高管，也就是说其职位可能不是那么高，资历也可能不是那么老，但是其价值最好的证明就是他能够取得良好的业绩。所以，作为其是否有资格成为激励对象的衡量标准如果是这位员工过去或当期已经实现的业绩，是非常客观的做法，这也有利于他们未来创造更高的业绩。采取这种方式进行激励的优点在于支持和鼓励了团队成功的因素，对提高和改善团队业绩具有非常显著的作用。

第四，能力。员工的工作能力如何是决定他是否有资格获得股权激励的一个重要指标。如果一名员工的能力非常突出，或者说其潜力较大，能够在现在，或者在未来为企业的发展做出突出贡献，就可以成为股权激励的受益人。采取这种方式实施股权激励的优点在于其符合设立股权激励的初衷，有利于促进激发员工发挥其潜能，有利于促进团队未来业绩的提高。

2. 企业股权激励对象的具体分析

由于上市公司和非上市公司的激励对象会有所不同，这里只介绍和分析非上市公司的股权激励对象。

股权激励对象一般有三种员工：一是管理岗位上的经理层，二是关键岗位上的工作人员，三是董事会主观认定的人员。

企业的激励对象主要包括三个层面：第一个层面是战略决策层，第二个层面是经营层，第三个层面是骨干层。

具体来说，包括以下人员：

（1）公司董事、总裁、副总裁以及财务负责人。

（2）中高层管理人员、部分副经理级别以上的核心业务骨干员工。

（3）核心技术人员。

（4）优秀的销售骨干员工。

（5）公司董事会认为对公司长远发展具有非常重要作用的人员。

3. 不同人员的股权激励额度分析

在此还要说明一下，管理者千万不要认为，只要是符合股权激励的员工，给予员工的股权激励额度都是一样的，实质上这是一种错误的想法。员工不同，其股权激励的额度也不同。这主要是由被实施股权激励的员工在企业中发挥的作用所决定的，主要影响因素包括员工的能力级别、人力资本价值、岗位价值、历史贡献、忠诚度、难以取代程度以及难以监督程度等。

尽管企业战略决策层人数不多，但相比其他员工，其激励的强度和激励的额度都会高出许多。对企业战略决策层的激励方式一般会采用股票期权激励的形式。

企业战略实行的关键就是企业经营层，激励力度相对来说也比较大。对他们进行股权激励的形式可以是业绩股票、期股、限制性股票以及股票期权等。

相对企业决策层和企业经营层，企业骨干层的激励力度会稍微小一些，企业骨干层的激励工具一般是虚拟股份、岗位干股或者采用组合式等。对于本部门的管理者来说，采用以本部门的业绩奖励为激励目标的激励方式，会达到意想不到的效果。

在对员工实施股权激励时或许会有这样的问题对管理者造成一定的困扰——这个员工值不值得给他股权。一般来说可以采用股权激励的人员包括企业管理岗位上的经理层、关键岗位上的工作人员及董事会主观认定的人员。此外，管理者还需要注意的是不要认为企业中的每一位员工都是实施股权激励的对象，股权激励的方式也是各不相同的。

实施股权激励也要持续激励吗

河南驻马店的周总最近跟笔者说他公司里一位管理层的经理来公司有好多年了，一直跟着企业发展，前两年为了激励他，也为了能够让他在企业一直发展下去，就给了他一些股权，也希望让他为企业做出更多的贡献。但是随着企业的发展以及时间的流逝，周总说，这位经理的工作热情以及积极性似乎越来越低，股权也不起作用了。给他股权后的那一两年时间，确实是干劲十足，但是今年不知道是他年龄越来越高，还是没有更大的工作野心的原因，导致他工作状态平平，真是让人烦恼。

笔者就问周总："你认为给这个人股权了，就可以不用激励他了吗？他就会一直努力工作吗？实际上股权确实能够激励他更好地工作，但是股权激励也不一定能够持续地激励他积极工作，所以你要学会对员工持续进行股权激励，并且还要注意持续进行股权激励的方法。"

管理者要认识到股权激励应该保持持续性：

1. 股权激励也需统筹，不能目光短浅

股权激励犹如一把双刃剑，也具有两面性，用得好，威力无边，用得不好，自伤筋脉。导致错误进行股权激励的主要因素就在于没有长远的眼光，没有进行统筹规划，没有配套机制进行相应约束，没有向员工彰显股权在不久的未来应有的价值。

要实施股权激励，必须对企业有全局的、长远的规划。企业管理者需要看到企业未来的发展态势，要考虑股权在不断释放的过程当中，可能会遇到的问题，是否会对企业的管理造成一些安全性的威胁。

2. 股权激励方式因员工不同而不同

每个员工对企业的贡献以及在企业中发挥的作用都是不一样的，某位员工也许曾经做出过很大的贡献，现在做的贡献并不多，犹如明日黄花；某位员工也许目前正为企业做出很大的贡献，属于事业的上升期，犹如时下英雄；还有一些员工正在积累经验和知识，在成长中，可能会为企业未来的发展做出卓越的贡献，属于明日之星。那么面对这三类员工，管理者要对他们实施股权激励的话，会采取什么样的激励策略和方式呢？实际上对待不同的员工，管理者可以采取不同的激励方式。例如，对待明日黄花，管理者可以采用"金色降落伞"，让其平稳着陆；对于时下英雄，管理者要打造"金手铐"激励他们去创造更好的业绩；对于明日之星，管理者要给他们搭建"金色舞台"，帮助他们成长，让他们在企业未来的发展中发挥他们的才能，为企业做贡献。

管理者可以从以下几方面进行解决：

1. 逐步强化激励，锁定人才

企业的激励方式也是随企业的发展而不断变化的，无论是对员工个人还是团体都应该在不同的阶段有着不同的激励方式，如一个员工，在满足了其物质需求之后，可以采取精神激励等。实际上股权激励也是如此，在对员工实施股权激励后的每一个阶段，可以采取不同的股权激励方式，以确保所采取的激励方式是有效果的。实际上进阶式股权激励就是一种逐步强化、延迟行权的长期性股权激励方式。对于"明日黄花"和"时下英雄"这两种类型的员工来说，企业需要采取这种方式来长期激励他们，以激发他们最大的潜能，使他们发挥出最大的才能，不仅能够使他们在这个过程中获得成长，也能够促进推动企业的长远发展。

2. 股权激励的多种模式

股权激励也是有多种模式的，管理者要采用不同的股权激励模式去激励员工。下面来具体介绍一下股权激励的几种模式。

（1）股票期权。

股票期权是指企业授予激励对象的一种权利，获取股票期权的员工可以在规定的时间内以事先确定的价格购买一定数量的本企业流通的股票。股票期权是比较常用的一种股权激励模式，也称认股权证，实际上它是一种看涨期权。股票期权不是义务，只是一种权利，当"行权价"高于持有者的股票价格时，这种权利也是可以放弃的，因此对股票期权的持有者并不需要承担风险。此外，股票期权的行权还受其他因素的影响，如数量以及时间的限制，并且还需要激励对象自己为行权支出现金。

企业管理者要实施这种激励模式还是需要前提的，即企业股票的内在价值是能够真实地反映在证券市场上的。由于在有效市场中股价可以直接反映出公司的长期盈利能力，而至少要在1年以后才能实现股票期权，因此股票期权的授予者为了使股票价格上涨从而获得价差收入，会努力使企业业绩保持长期的、稳定的增长，使企业股票的价值不断上升，这样就可以使股票期权具备长期激励的功能。另外，管理者实施股票期权还必须要求企业是公众上市公司，有可资实施股票期权的、合理合法的股票来源。

目前股票期权模式流行于美国等西方国家，其运作方法也是非常规的。20世纪90年代美国股市出现牛市，股票期权给企业的高管层员工带来了丰厚的收益。在国际上股票期权也是一种使用最为广泛的、最为经典的股权激励模式。在全球500家大型公司企业中已经有89%的企业管理者都对高层员工实施了股票期权激励。

（2）期股。

期股是通过经营者部分首付、分期还款从而获得企业股份的一种股权激励方式，实施期股也是有一定的前提条件的，即经营者必须购买本企业的相应股份。实施期股鼓励的过程是：企业贷款给经营者作为其股份投入，经营者对企业拥有分红权、表决权以及所有权。其中表决权和分红权是实在的，但是分得的红利不能拿走，应按协议用来偿还贷款；所有权是虚拟的，只有还清购买期股的贷款后才能实际拥有。在这种情况下，经营者就要不断地努力将企业经营好，为企业做出更多的业绩，有可供分配的红利。一旦企业的业绩不好、经营不佳的话，不仅期股不会变实股，本身的投入也有可能会亏掉。

所以，期股的优势主要体现在以下三个方面：

第一，股票的增值紧密联系企业资产的增值、效益的提高，这就促使股票激励对象更加关注企业的长远发展以及长期利益，从而较好地解决股票激励对象的短期行为。

第二，股票激励对象的股票收益中长期化，也就是说其利益获得也将是分散的、渐进的，这在一定程度上也可以有效地避免由一次性重奖使股票激励对象与员工收入差距过大所带来的矛盾，有利于促进企业内部的稳定。

第三，可有效解决股票激励对象购买股票的融资问题，从而实现以未来可获得的收益以及股份来激励今天更努力地工作的初衷。

（3）业绩股票。

业绩股票是指在年初制定一个合理的业绩目标，如果在年末时，激励对象达到了年初预定的目标，则公司就授予其一定数量的股票或提取一定的奖励基金购买企业的股票。

业绩股票是股权激励的一种比较典型的模式，这种激励模式的对象主要是工作业绩有明确的数量指标的业务员。此外，业绩股票也是我国企业中最先得到推广且应用比较广泛的一种模式，具体原因在于：

第一，对于企业而言，业绩股票这种激励模式所受到的政策限制很少，只要股东大会通过就可以实施此模式。业绩股票激励模式的可操作性强，实施成本也比较低。

第二，对于股东而言，该模式对股权激励对象有明确的、严格的业绩目标约束，责、权、利的统一性比较好，能有效地形成双方共赢的格局，激励方案较易为股东大会所接受和通过。

第三，对于激励对象而言，要想获得此种模式的股权，就必须取得相应的工作业绩，因为工作绩效与所获激励之间的联系是非常直接而且紧密的，且业绩股票的获得仅根据激励对象的工作绩效，几乎不涉及不可控制的因素，如股市风险等。

（4）账面价值增值权。

账面价值增值权就是直接拿每股净资产的增加值来激励管理层员工、技术骨干等。它并不是真正的股票，所以账面价值增值权的激励对象并不具有如所有权、表决权以及配股权等的权力。

账面价值增值权的形式一般有购买型以及虚拟型两种。

购买型是指账面价值增值权的激励对象在期初按每股净资产实际购买一定数量的企业股份，在期末可以按每股净资产期末值再回售给公司。

虚拟型是一种模拟的认股权方式，指账面价值增值权的激励对象在期初不需要支出资金，公司授予激励对象一定数量的名义股份，在期末根据公司每股净资产的增量和名义股份的数量来计算激励对象的收益，并据此向激励对象支付现金。

（5）员工持股计划。

员工持股计划是指由公司内部员工个人出资认购本公司部分股份，并委托公司进行集中管理的产权组织形式。

员工持股计划核心在于通过员工持股运营，将员工利益与企业前途紧紧联系在一起，形成一种按劳分配结合按资分配的新型利益制衡机制。此外，员工持股的同事也意味着需要承担一定的投资风险，这就有助于提高员工的风险意识，也有助于激发员工的长期投资行为。员工持股促使其对企业运营拥有充分的发言权和监督权，而且使员工对于企业的长期发展更加关注，这就为科学的管理、决策、经营、监督和分配机制的完善奠定了良好的基础。

（6）虚拟股票。

虚拟股票是指公司授予激励对象一种虚拟的股票，激励对象可以据此享受股价升值收益以及一定数量的分红权，但没有所有权、表决权，不能转让和出售虚拟股票。如果员工离开了企业，那所拥有的虚拟股票将自动失效。

虚拟股票可以看作是期股的一种变异形式，因为它借鉴了期股的操作方式以及一些特性。例如，它同样需要公司在实施股权激励前与激励对象共同签订合约，约定授予数量、条件以及行权时间等，明确双方的义务以及权利。但与期股有所差异的是，在虚拟股票激励中，员工获得的只是一种账面上虚拟的股票，并不拥有在未来按某一固定价格购买公司股票的权利。所以，在本质上，虚拟股票是一种递延现金的支付方式。

虚拟股票也有优缺点，优点是它不会对公司的总资本和所有权结构造成影响；缺点是兑现激励时现金支出的压力比较大，特别是在公司股票呈现较大的升值幅度时，可能会让公司面临现金支出风险。

（7）股票增值权。

所谓股票增值权是指公司授予激励对象的一种权利，一旦企业股价上涨了，激励对象就可以通过行权来获得等量的股价升值收益，激励对象不用为行权付出现金，行权后即可获得等位的公司股票或者现金。

股票增值权是一种创新的激励机制，具有以下四个特点：

第一，激励对象拥有一定数量的股票股价上升所带来的效益，但不拥有这些股票的所有权、表决权以及配股权。

第二，行权期一般超过任期，这样就可以捆绑激励对象与公司的利益，可以有效地对他们的短期行为进行约束。

第三，实施股票增值权时，可以是部分兑现，也可以是全额兑现。

第四，实施股票增值权，可以用现金、股票，还可以结合现金和股票的形式。

（8）限制性股票计划。

限制性股票是指给符合一定条件的员工授予一定数量的企业股票，但激励对象对于股票不得随意处置，只有在完成特定业绩目标或者规定的服务期限时，才可将限制性股票出售并从中获取利益。否则，公司有权收回免费赠予的限制性股票或者以激励对象购买时的价格进行回购。也就是说，公司无偿赠予或以较低价格售予公司高管人员一定数量的限制性股票，但限制其出售这种股票的权利。

公司采用限制性股票，目的就是激励高管人员将更多的时间和精力投入到某个或某些长期战略目标中。

（9）管理层收购。

管理层收购也称"经营层融资收购"，是指公司的管理层（个人或集体）利用借贷所融资本对本公司的股份（或股权）进行购买，从而将公司所有者结构、控制权结构和资产结构予以改变，实现持股经营。另外，管理层收购也是一种比较极端的股权激励手段，是因为其他激励手段都是所有者（产权人）对员工的激励，而管理层收购直接将激励的主体与客体合二为一，实现了被激励者与企业利益、股东利益的完整统一。

（10）延期支付。

延期支付，也称延期支付计划，是指公司为激励对象（这里主要是指管理层的员工）设计一揽子薪酬收入计划，其中在当年不发放部分年度奖金以及股权激励收入等，而是按当日公司股票市场价格折算成一定的股票数量，存入公司为其单独设立的延期支付账户。在一定的时间后，根据期满时股票市值以现金方式或者再以公司股票形式支付给激励对象。

激励对象通过延期支付计划获得的收入，来自于既定期限内公司股票的市场价格上升，即计划执行时与激励对象行权时的股票价差收入。如果折算后存入延期支付账户的股票市价在行权时上升，激励对象则可获得收益；反之，激励对象就会遭受损失。

延期支付模式具有两个特点：

第一，延期支付收益与企业的业绩紧密相连。

第二，延期支付方式可以有效地避免激励对象的短期化行为。

3. 进阶式股权激励的具体设计

很多企业在做股权激励时，首先会为高管以及核心员工设计一三五阶梯式的股权激励方案，如图 4-2 所示。之后在企业的发展过程中再进行激励。

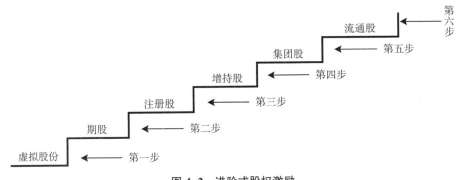

图 4-2 进阶式股权激励

一三五进阶式股权激励方案的具体设计思路：1 年在职分红+3 年滚动股票期权计划+5 年分期行权逐步解锁。

激励对象通过一年时间的身股分红激励，得到公司的认可；公司可以再考虑对他采取期股或者股票期权的激励方式，将期股在两年的时间内逐步转化为公司的实股；进入行权期后，企业对激励对象有一个 5 年的锁定期，之后再逐渐释放解锁。激励对象经过 8 年的时间才能真正获得所有激励股份的所有权。对于很多企业来说，这已经是一个非常长的股权激励计划了，当然，也可以根据企业的实际情况缩短锁定时间。

4. 二次循环激励体系的建立

当激励对象拥有部分股份的实际行权资格后，企业还可以根据企业的具体情况考虑对激励对象进行再次激励的措施，对其实施增持激励方案，形成一个二次循环激励的体系。

假如是集团公司的话，子公司的高管或者核心员工在持有子公司的注册股以后，总公司的集团股也可以考虑让其持有。如果集团公司上市，就会有一个股权重组的过程，激励对象拥有的股份就可以转化成流通股，在证券市场便可以自由套现了。当然，公司在遇到并购重组、风险投资、上市等比较重大的事件时，也可以允许员工加速行权，以回报员工。

5. 确定股权激励模式的原则

在选择股权激励的模式时，必须遵循以下原则：

（1）动态原则。

由于企业不断发生变化，其要素结构、规模以及组织结构等方面也在不断变化着，因此企业管理者所要采取的股权激励模式也会发生相应的变化，这样才能体现"量身定做"的特色。

一般来说，企业在创业时期，会经历一个从合伙制企业、股份合作制企业过渡为有限责任公司，最后成为可以上市的股份有限公司的过程。所以说企业不是一个固定模式的治理结构，而是不断演变的过程。在演变的过程中，不同阶段发挥核心作用的员工也是不一样的，因此也应该调整股权激励的激励对象以及激励模式。

（2）弹性原则。

由于每个企业的环境都是不同的，所以同一种股权激励模式在不同的企业应用时需要根据企业自身做出一定的调整。例如，不同的企业采用分红回填股时有所不同：员工分红的比例可以适当调整；员工入股的股价可以以面值为基准，也可以不以面值为基准；企业的盈余可以保留到以后各年度依序分配，或者盈余采取现金方式进行分配；分配股权数量所依据的评估方式，也有相当的弹性，包括绩效、学历、特殊表现、年薪等，都可以列入考核的范围内。

（3）公开公正的原则。

实施股权激励可以将薪酬差距合理地拉开，体现薪酬分配向业绩表现、价值创造以及能力贡献倾斜的激励导向，同时对利益分配中的"不患多寡而患不均"现象更应关注。尽管激励计划的激励导向、分配原则以及设计思路等使其公平性很难保证，但要对事不对人，一定要坚持公开公平的原则。否则，很容易导致团队以及员工心理失衡，引发一些不必要的矛盾，对优秀企业文化的形成造成一定的影响。

（4）激励期限与激励力度适中的原则。

管理者也要意识到股权激励并不是万能的，选择激励模式时必须对激励对象的整体报酬水平和结构予以考虑；此外，行权期限设置的长短对激励的满意度也会造成一定的增强或损耗。

所以，这一原则主要是把握激励力度的大小、激励作用的可实现性，既不能把企业股权激励的实现时间拉得过长也不能将考核目标定得过高，让激励对象感到遥遥无期，这会对激励效果造成一定程度上的削弱，同时也要做到激励适度，体现公正、公平的原则。

（5）激励与约束相结合的原则。

在满足股权派发的正面激励的基础上，同时对行权条件的约定也要予以关注，有些公司股票市场的波动比较大，持股人抛售套现抽身走人的短期行为并不能排除。所以，这一原则的出发点，就是要将激励对象的责任与权利、激励对象的短期利益与长期利益以及企业利益与激励对象的利益相结合。

企业不断发展，员工的需求也在不断发展，在这个过程中，管理者要注意对员工的激励方式，不能一成不变地采取同一种方式激励员工，这样的激励措施是起不到任何激励效果的。股权激励也是如此，通过进阶式股权激励，不仅可以使员工在企业发展的过程中受益，同时也能使企业留住人才。此外，企业的管理者还需要建立二次循环激励体系，达到对激励对象再次激励的效果。

入股时说好赚钱一起分，结果却卷钱跑了

山东青岛的吴总经过几年的努力打拼，公司发展得也越来越好，吴总就打算将企业的规模再扩大一些。但是考虑到资金不足的情况，吴总便联系了两个多年合作的老客户，欲求一同发展。吴总以及两个合作的客户都说："多个人多份力量，有钱大家一起赚，赚钱大家一起分。"于是整个公司股权就被平均分成了三份，每人拥有33.3%的股份。这个公司经过两年的发展得也很不错，这时那两个客户打算独立发展，吴总怎么可能同意呢？于是便发生了利益纠纷，两个客户撤股了，公司66.6%的股份全被撤走，企业也瘫痪了。吴总感慨道："真是人心难测啊，当时入股的时候说得好好的，多个人多份力量，有钱大家一起赚，赚钱大家一起分，怎么这才过了两年就都变了呢，怎么就卷钱跑了呢？"

这样的问题在很多企业中都曾发生过。很多人在创业初期都面临资金不足的问题，为了解决这个问题，便拉很多人一起入股，抱着"多个人多份力量，有钱大家一起赚，赚钱大家一起分"的想法，希望共谋发展。但是随着时间的流逝，企业在不断发展，每个股东的个人利益需求也在不断变化，在这个过程中也会不断突出各种矛盾，如果没有解决恰当，就会出现吴总公司的状况，股东撤股走人，直接损害现有公司的利益，对公司的经济利益造成直接的影响。

在股份制公司，由于股权分配不均而引发后续的利益问题，最终导致一个企业四分五裂的情况很多。究其根本原因就是公司老板法律意识缺失，没有全面认

识股份制公司的发展模式。如合作伙伴如何入股，选择什么样的合作伙伴入股，入股后出现的问题不能明确地给予预判。

面对这种问题，管理者需注意以下三点：

1. 选择恰当的合伙人

企业的股东合伙人有两种：一种是创始股东，另一种就是企业发展过程中加入的员工。创始股东，也就是公司成立之前合伙入股的人，大多数人会考虑亲戚或者朋友；第二种就是企业在发展的过程中，发现有的员工资历深、工龄长、能力强等，企业老总希望用这种形式与员工共同发展。无论选择什么样的人入股，一定要符合以下要求。

你的合伙人和你志同道合，如果你的合伙人和你背道而驰的话，公司肯定是走不远的；合伙人的品性也要好，如果合伙人的脾气非常暴躁，一言不合就吵架的人是绝对不能成为合伙人的，还有一些人比较内向，或者说不愿意表达自己的想法，这些人平时就不能为公司出谋划策，在关键时刻，也不会有什么想法，也不建议选择；此外，还需要了解合伙人的兴趣爱好，千万不能同那些作风不正的人一起创业。

还要准确了解合伙人的个人成长经历，正所谓"环境造就人"，不同环境下成长的人其性格也会有很大的不同，有些人从小生活在安逸的环境中，尽管做事认真，但是没有什么胆识，看不到事情发展的长远方向，该决断的时候也磨磨蹭蹭，这样的人也不适合作为合伙人。

管理者还可以通过询问他周围的朋友、同事，这个人的人品怎么样。管理者也可以通过这种方式对合伙人的人品进行考察，这样得出的评价更加客观些。

2. 股权生命线

除对合伙人的人品进行考察外，还需要管理者注意的是股权的分配。在上述案例中吴总就是犯了股权分配的大忌——股权平分。管理者需要切记的是不管谁入股，千万不能平分股权！

股权分配是有一定规则的！有这几条股权生命线：

（1）股东的股份占到全部股份的 67%，这条线叫作绝对控制权，拥有 67%股份的股东可以选择增资，对公司章程进行修改。

（2）股东的股份占到全部股份的 51%，这条线叫作相对控股权，拥有 51%股份的股东对公司的重大决策有表决权。

（3）股东的股份占到全部股份的 34%，这条线叫作一票否决权，拥有 34%股份的股东拥有对公司的决策进行一票否决权。

（4）股东的股份占到全部股份的 10%，拥有 10%股份的股东可以向法院申请对公司进行解散。

（5）股东的股份占到全部股份的 5%，这条线叫作重大股权变动警示线。

从员工激励的角度来说，给予员工的股份在 10%就差不多了，拥有 10%股份的员工已经算是一个大股东了。

3. 一切落实到法律上

入股前，企业的管理者要和合伙人对各方面内容进行谈判，并且签订书面合同，签字画押，再通过律师进行法律认定，保证合同的法律性。如果在公司的发展过程中，合伙人有违背创业企业利益的行为，就可以通过法律手段来维护自己的合法权益。

企业发展到一定阶段必须要面对的一个问题就是股权分配的问题，管理者除了要对合伙人进行慎重考虑之外，还必须在合伙前对可能产生的问题做出预案，防止发生一些后续的隐患。切记股权生命线，不要平分股权！

约束有能力的员工

山西大同做家居建材的杨总跟笔者诉苦说，其中一个门店里的店长非常有能耐，不仅销售能力强，并且管理能力也很强，经过这几年的积累，手里不仅有资金，还有市场资源和人脉资源，真担心他一走了之，自己出去创业。杨总说：

"一旦他出去创业，我这个门店不仅失去一位得力的臂膀，同时他还有可能带走店里的其他得力员工和市场资源，不仅可能会使我的门店陷入瘫痪，同时对我这个门店也可能构成竞争挑战。"

对于一些连锁的门店，店长通过对门店的经营，已经积累了大量的资金、人脉和经验，自己出来开一家相同的门店是特别容易的。所以很多老板对有可能出去创业的员工都有很强的戒备心，会千方百计地阻止他们出去创业。

杨总跟笔者说担心那个店长出去创业，与自己构成竞争关系，就会通过门店管理制度对他进行约束。例如，店里的每一个客户的详细记录都需要上报给杨总，包括跟单记录；对这个门店的账款也进行统一管理；削弱他的实权；等等。

笔者就对杨总说："你这样做也许遏制了他出去创业的想法，但是你也限制了发挥他的才能的空间，让他对你也失去了信任感，没有归属感，反而会让他走得更快。不妨用股权来激活门店店长。"

实际上很多老板都会像上述案例中的杨总一样，企业发展得越来越好，就会想要扩大企业规模，占领更多的市场，开更多的分店等。但是老板也会头痛，这些分店的店长该怎么管理，也会面临这样的问题，店长或者员工能力强、资金储备足够、实战经验强等，担心他们出去创业，不仅失去人才，还会与自己形成竞争。

一些老板就会采取一些措施，对这类员工进行限制，让他们失去经营的实权。这不仅会让员工失去工作的动力，对门店的不利影响也非常大。同时，老板对员工采取这种措施会加快员工离职的想法和行动，促使其更快地离职创业。

不少开了分店的老板也很苦恼，如果对分店的店长限制过多，分店店长很难施展他的才能，也不利于分店的发展；如果对分店的店长没有限制，放任不管，又担心分店店长借用公司的力量为自己谋取私利，对公司的利益造成损害。

很多分店的店长在对门店进行管理时，就会出现各种小猫腻。店长一般的薪酬构成是固定底薪+管理提成+业绩提成。这其实是一种短期的薪酬结构，在一定程度上造成店长只关注短期的收益，就会导致出现以下现象：

（1）店长为了提升业绩，对成本不加考虑，也不进行控制。

（2）店长吃回扣，提高进货成本。

（3）产品价格不统一，造成市场混乱。

（4）没有与门店并肩作战，认为门店的业绩好坏与自己无关。

（5）欺骗客户，夸大产品。

除上述现象外，还有其他的一些问题。这些问题都是老板没有与店长之间建立科学的制度有关。

在面对这些情况时，管理者可以采取如下解决方法：

1. 对分店进行量化、模块化管理

这种管理方式，就如同肯德基、麦当劳的管理方式，店长的作用并不是很大。店里的员工按照各自的模块进行分工合作，基本上不会出现什么问题。

但是这种管理模式需要企业有相当成熟的管理体系，并且每一家门店拥有的市场资源没有很大的差别，每一家的店长也不需要有很多经营才能。

2. 采取股权激励

实际上对经营者的经营能力比较依赖的门店，企业可以采取股权激励的方式，给予店长和员工一定比例的股份，将店长、店员与门店的利益进行捆绑，让他们成为门店的主人，增强他们的归属感，激发他们的工作热情和积极性。

实际上门店的店长拥有对门店的经营权，但是没有门店的所有权、利益分配权。如果企业老总赋予分店店长部分所有权，让权力和金钱合一，就会在一定程度上促进店长积极性的调动。

对给予分店店长的股权激励，最好是店长所属门店的股份，不要是总公司的股份。这样，店长的努力程度便可以直接与门店的业绩挂钩，更有利于店长动力的激发。

以下是几种股权激励方法的介绍：

（1）承包激励法。企业老板可以将分店交给店长经营，但是这家门店的所有权归总公司，而这家门店的店长拥有收益权和经营权。企业可以以成本价将产品发给分店，收取分店的管理费，也可以将产品加价发给分店，不收取管理费，或者两者兼有，而店长需要考虑的是将产品或者服务营销出去，并且从中获取收益，店长的主要收入来源就是分店的利润。但是这种激励方式也存在一些缺点，例如，店长追求短期利益，牺牲企业的整体利益；分店和企业并不是共同体，店长的归属感并不强，仍然会有离职的现象。

（2）超额利润激励法。超额利润激励是指以公司利润为基础的分红股激励方式，激励对象根据和企业签订的比例来分红利。激励对象一旦离开了公司，就不再享受这个分红权利。在门店中，可以以门店的利润对店长进行分红。这样店长可以通过自己的努力，提升门店的业绩，使门店获取更多的利润，从而分到更多的红利。这种激励方式再和延迟分红配合，就能很好地锁住店长。这种激励方式要求企业必须要有可供分配的红利，如果没有可以分配的红利，企业最好不要考虑这种激励方式。

（3）实股激励法。实股激励就是让员工出资购买公司或门店的股份，成为股东之一，共担风险、实现共赢的方式。实股激励可以让店长不断付出努力，使门店或者企业的资产升值，进而使股份升值，从而获取利益。此外，店长通过购买股份可以促进公司财务压力的减轻。店长通过实股激励，不仅可以获得经营权、授权权，也有分配权，但同时也要承担风险，属于长期激励方式。但是实行实股激励的企业当前的发展应该是蒸蒸日上的，如果公司正在走下坡路或者遭遇瓶颈，实行实股激励是没有意义的。

（4）合资合作法。合资合作法是企业与店长个人采取合资的形式对门店进行经营管理。可以根据企业的发展需要来决定店长与企业的股份比例。这种方式真正让店长成为了老板，在门店的经营管理上拥有很大的自由性。企业如果与店长以这种形式来经营门店，企业就不需要向店长支付薪酬，店长的收入只能依靠门店经营的利润。但要注意的是企业要设计出一套合理有效的退出方案，以避免在门店的经营过程中带来不必要的麻烦。此外，这种门店的店长必须要有很强的能力、有远大的抱负，否则这种方法行不通。

很多企业老板会通过开分店的方式占领市场，扩大企业的规模，但是企业老总也没有三头六臂，根本无暇顾及那么多家门店。不仅要面对企业外部的情况，还要面对企业内部的情况。店长离职创业就是一个让老总非常头疼的问题。老总可以采取股权激励的方式来激励员工，可以采取承包激励法、超额利润激励法、实股激励法以及合资合作法等，具体采用哪种方法，要根据企业的具体情况而定。

员工拒绝给他的股权

四川成都的曹总跟笔者诉苦说，公司里的一位核心员工老何打算离职，为了能够让他留下来，袁总打算用股权来激励他。袁总认为通过对员工实施股权激励，不仅能够成就企业，也能成就员工。让员工能够投入更多的热情、积极性在工作中，但是没想到老何竟然拒绝了。笔者就问袁总："既然你已经打算给他股权了，说明这位员工已经满足了你授权股权的要求了，但是他拒绝的话，原因有很多，比如你的企业现在发展得不好；比如你的企业发展得还不错，只是宣导没有做到位，导致他没有看到公司股份的价值，反而以为企业没钱了在向员工集资；比如他由于个人原因不得不离职，这时候公司采取措施也是没有效果的。拒绝获得股权的原因有很多，你要根据具体情况来采取措施。"

袁总听过笔者的话之后，回答说："的确如此，对于股权的价值这一块儿，我确实没有怎么做过宣导，虽然这个员工已经在企业很长时间了，但是对企业股权这一块儿他确实不清楚。"

因此，管理者要注重企业股权价值宣传的重要性。

企业的股权对于企业来说是最有价值的。企业如同在海上航行的一艘船，只要把握好方向，剩下的就交给动力系统了。企业里的成员就如同这艘船的动力，这些员工有多大的动力，企业就能发展得有多快。但是当管理者向员工提出股权激励时，这个员工对公司股份没有任何兴趣，或者没有很强的认同感时，股权激励也不会收到很好的效果。因此，企业管理者需要对企业的股权进行宣导，让激励对象看到、听到、感觉到企业股权的魅力，能够发自内心地感受到企业的价值，让他们相信公司能够发展得更好，也能够激发他们工作的热情和积极性，从而迸发出强大的动力，实现自己的财务梦想。如果企业管理者在这方面没有做到位，管理者想要对员工实施股权激励也是取不到好的效果的。

管理者可以从以下两方面入手：

1. 向激励对象宣传公司股份价值

企业要将看起来可能一文不值但实际有可能价值千金的无形资产的价值，通过一定的方式传递给激励的对象，这是企业老板必须要思考的问题。除了一些公司的现实表现，如公司的财务状态、产品、利润、客户满意度以及品牌认可度等相关指标外，还可以通过对企业相关的制度政策以及未来的发展规划这方面进行宣导，让员工了解企业的发展状态以及发展趋势，激发员工持有公司股份的动力。

让员工详细了解企业的发展规划，更有助于激发员工的动力。企业的发展规划包括市场战略规划、资本战略规划、企业人才战略规划、企业商业模式规划以及产品战略规划等，企业不仅要有清晰的战略，还应该将这些战略制作详细，传达给股权激励的激励对象。在这些战略制定的过程中，要保障这些战略规划的具体性、可实现性。当企业在不断向这些战略目标规划前进时，激励对象就可以切身感受到企业发展状态是良好的，能够给自己带来利益以及好处，自己在这里也是能够发挥才能的，进而激发出更多的工作动力。

当然，企业在发展的过程中不可能总是一帆风顺的，总会遇到各种各样的问题，当企业管理者面临这个问题时，可以选择性地进行宣导，当然，管理者也不一定要回避不足之处，可以将不足和改进意见提出来，以规避未来的风险，同时促进激励对象对企业信心的提高。

2. 塑造榜样，激发员工的动力

企业管理者可以塑造一些榜样，促进激发激励对象，使其努力工作来获得公司股份。有些员工如果通过努力工作获得了公司的股权，管理者可以向其他员工以及客户宣导这些获得股权的员工。员工以及客户可以通过实实在在的例子看到获得公司股权的好处。获得企业股权后的员工通过努力工作，推动了企业股份的价值升值，获得了多少财富效应等，这些都可以是企业向激励对象进行宣导的。

榜样的力量是无穷的。当激励对象获得企业股权后得到了实实在在的好处，企业管理者就可以将其放大，达到激发其他员工的目的。

榜样的宣导是一个不断强化的过程，管理者需要不断重复性地宣导，将企业股权的财富效应深化在员工的脑海中，使他们即使现在达不到获得企业股权的水平，也在不断努力工作，向着获得企业股权的这个目标努力工作。

企业管理者如果打算对员工进行股权激励，就需要对员工进行企业股权正确、到位的价值宣导，这不仅可以使员工了解到企业的发展状况，愿意出资购买公司股权，还可以激励员工努力工作达到购买企业股权的标准，从而实现财富梦想。

企业管理者对员工进行企业股权的价值宣导时，可以宣导企业的发展规划，包括企业市场战略规划、产品战略规划、企业人才战略规划等。此外，企业管理者还可以通过树立榜样，来激发激励对象。通过对榜样的宣导，不仅让员工了解到努力工作就可以获得企业股权，从而激发员工努力工作，激发员工对企业的信心。

用股权解决与合伙人的矛盾

云南昆明的一家公司正当红红火火、迅猛发展的时候，创始人孔总与公司共同出资人谢总在资产认定上出现了一些矛盾。这家企业由于内讧便迅速瓦解了。

这家公司从成立、成长到发展巅峰，再轰然倒下，前后也就几年的时间。其实，孔总和谢总的矛盾非常简单：谢总认为自己是公司的出资人，应该按出资比例拥有公司的股份，享有公司的权益；而孔总认为，企业是我一手做大做强，你当时就出资了几十万元，现在企业发展到了上亿元，我可以加倍还你原始股本，但我的大"家产"你绝对不能分。

管理者可以从宋太祖杯酒释兵权中吸取一定的经验。

宋太祖赵匡胤经过陈桥兵变后，一举夺得政权，成为一国之君。君临天下不到半年，老是觉得心里不踏实，怕手握重兵的将领们效仿他，所以决定解除手下一些大将的兵权。

几天后，他召集老将饮酒，有禁军将领石守信、王审琦等。席间，宋太祖如同失恋了一般，唉声叹气，抱怨道："做皇帝真难啊，我几乎夜夜失眠，从来没睡过一个好觉。唉，如果知道当皇帝是这样的，还不如做个节度使，自由自在。"石守信、王审琦等人听了十分诧异，连忙问道为什么。宋太祖说："高处不胜寒呀，谁不眼红皇帝这个位子？不定哪天就有人取而代之了。"

大家一听便知道了宋太祖的意思，心也发慌了，急忙跪在地上表态："您想多了，天下已经安定，谁还敢有二心？我们是绝时不会的。"

宋太祖摇摇头："你们几个我怎么可能信不过呢？我是担心你们的手下中有人贪图富贵，把黄袍披在你们身上。你们想不干，也不能随你们的意思了吧？"

石守信、王审琦等人听到这里，被吓得不轻："我们都是大老粗，这点确实没想到，请您指引一条出路。"

宋太祖说："你们把兵权交出来，我给你们财产良田，你们回老家快快活活度个晚年。"

石守信、王审琦等人很是感动，第二天，纷纷称病告老还乡。

这就是赫赫有名的"杯酒释兵权"事件。宋太祖用非常手段为刚刚建立的北宋王朝扫除了一切障碍。此后，社会开始稳定下来，并渐渐恢复发展。

管理者可以从以下几个方面进行解决：

1. 创业元老的安顿

实际上企业也和王朝是一样的。当企业渡过了创立阶段，进入高速发展时期，昔日那些开疆扩土的创业元老大都已经身居高位，但是他们要么知识结构和专业技能落后，能力已不能满足企业发展的需要；要么老迈，精力跟不上企业的发展速度……此类种种，都将成为企业继续发展壮大的限制因素，如果这些问题得不到及时的解决，企业就会面临困境，甚至走向消亡。

几乎所有处于上升期的中国企业都碰到类似情况，而一般有效的应对之策就是让元老退居二线，引进新鲜血液。但是，毕竟不是每个人都具有急流勇退的勇气和胸怀，况且还没有让创业元老顺利退出的台阶，创业元老们会觉得退出企业就等于自己将一无所有，多年的心血以及付出也将全部付诸流水。

突破瓶颈的关键在于：如何安顿创业元老的问题。如果创业元老不能予以合适的安顿，这会为企业埋下很大的隐患：可能负气出走，甚至投靠竞争对手，反戈一击；也有可能自立门户，平添竞争对手；元老们居功自傲，山头林立，成为企业继续发展的绊脚石。

2. 股权释兵权

毋庸置疑的一点是如果创业元老们的知识、才能以及精力已经跟不上企业的发展，就必须让出位置。当然，必须肯定他们以前的功劳以及贡献，必须对他们进行补偿，这样他们才会心甘情愿地离开自己所在的位置。股权，实际上就是最好的调和剂和平衡办法。

"股权释兵权"深远而微妙地影响着企业的新老交替，因为当拥有股权的创业元老们看到新进的职业经理人动辄就可以拿着几倍于自己当年的工资时，他或许会意识到新来的人是为自己这个东家打工而感到些许高兴。

管理者不能否认元老级员工对企业做出的贡献以及他们的功劳，如果这些人已经跟不上企业的发展，就必须让他们让出他们所在的位置。管理者可以采取股权释兵权的方法，对元老们进行安顿。

公司没上市适合给员工股权吗

江西上饶的尤总对笔者说最近这半年内，有两名干了好几年的高管相继离职了，已经给他们业界很高的工资了，过年过节的时候，也总是给他们准备礼物，可以说真的对他们付出了很多，没想到他们还是会离职。我也考虑给这些高管一些股权，用股权激励他们全心全意地为公司奉献，但是我不知道，我的公司还没上市，适不适合给员工股权。

究竟什么样的企业适合实施股权激励，管理者可以从以下几方面进行认识和了解：

1. 适合实施股权激励的企业

每一家企业的管理者都希望让员工全心全意地为公司服务，为公司贡献自己的力量，当然股权激励只是有效的激励手段之一，但是有些公司的管理者可能会质疑，我这个公司究竟适不适合给员工股权呢？

什么样的企业最适合实施股权激励呢？有很多企业家的回答可能会是上市公司。上市公司确实在实施股权激励的时候有它的先天优势，由于有二级市场的股票价格，比较容易行权、套现。但是，从激励效果这方面来考虑的话，非上市公司往往更适合实施股权激励。

为什么说非上市公司更适合实施股权激励呢？一方面是因为股市涨跌对非上市公司股权激励的影响可以避免，更能真实地反映员工的努力、付出程度。另一方面非上市公司往往成长空间比较大，因为非上市公司处在企业的发展阶段，这样也有利于调动员工的工作激情。

2. 上市的利以及非上市的义

利是物质财富，义指的是一种精神。

现实中，很多企业的管理者认为要实施股权激励就必须要上市。事实上，上市需要为企业的股权进行改革，把有限公司变成股份公司，但是股权激励的实施不一定非要企业上市。

如果企业的发展只是为了上市，那么这个企业从一开始，命运也就注定了。因为一般来说，如果企业的目的只是为了上市，那就直接是为了圈钱，经营企业当然是为了赚钱，但欲速则不达，企业的全部并不是赚钱。如果利益和物质是企业每天的导向，忽视文化、精神作用，那么这个企业是不会取得多大发展的，也不会取得长久发展的。

抚顺的一家企业由于商业模式很好，加上员工工作起来如狼似虎，所以公司发展非常迅速，短短几年，就由最初的几个人发展成一家年产值超亿元、员工四五百人的创新型公司。

企业老板非常善于激励员工，每天都会给员工灌输财富的思想，鼓励大家不断努力奋斗，推动企业上市，同时每个人都获得了公司股份，所以大家干劲十足。虽然公司有着非常严格的考核制度，但是由于现金薪酬和未来股权的高额回报的诱惑，所有员工都干劲十足，为实现公司早日上市而努力。

功夫不负有心人，终于这家企业在香港主板顺利上市，公司里的很多员工也因此实现了"黄金梦"——几人身价上亿元，很多人身价过千万元，上百人身价过百万元。

不过，上市没多久，公司的员工每天讨论的话题也在悄悄地发生着变化，以前业余时间都在讨论工作的事情，现在投资、买车、买房等成为他们最主要的话题。

企业的终极目标不是上市，上市只不过是企业实现快速发展的平台或者工具。企业千万不能为上市而上市，不能完全以利益为导向，所以企业的管理者必须为企业注入灵魂与文化，让企业永葆动力和青春。

企业要想取得长远的发展，就必须要在团队中注入一种思想，导入一种文化，必须要有企业的精神与灵魂，让企业中的所有员工都同企业一起，这样的企业才能走得长远。

3. 企业的发展阶段

企业发展一般要经历三个阶段，下面笔者对这三个阶段以及每个阶段的特点进行简单的介绍。

第一阶段是经营权和管理权。经营权和管理权都由一个人掌握，简单来说就是"一人分饰多角"，一个人要承担很多种工作任务，如财务、人事等工作都由管理者完成。

第二阶段是职能化分工。当企业不断发展，有了一定的规模以后，管理者就要招兵买马进行扩员，每个员工都要权责分明，使公司朝着更加制度化、科学化的方向发展。

第三阶段是满足员工的长期发展利益。随着企业的不断发展，员工的整体素质不断提高，短期的收益已经不再能满足员工的需求了，他们的关注目标则是长远的发展利益，因此管理者在企业发展到了第三阶段的时候一定要对员工做股权分红的改造。

管理者可以从以下三方面做起：

1. 企业发展良好

为什么有些企业采取股权激励，能够收到很好的激励效果，笔者认为这个与企业发展一定是分不开的。企业的股份一定对激励对象产生了很大的吸引力。假想一下，如果企业的发展态势很不好，那么股份对员工也没有什么吸引力吧，即使股权激励做得再好，对员工的激励也不会收到多大的效果，反而会给员工造成一定的误解：公司缺钱了，老板在想方设法地扣他们的钱。

所以，在对员工采取股权激励之前，管理者必须要让公司的股份有价值或者说对员工有着很大的吸引力。这就需要公司的发展态势很好，有良好的运作模式、有好的发展空间，公司现在的吸金能力很强，即使现在赚的钱不多，也要让员工心里明白在不久的将来公司也能赚到很多钱，公司正蒸蒸日上，价值也在不断提升。

如果公司原本的发展态势就不好，商业模式也具有一定的局限性，这些高管和核心成员即便为了公司拼搏和努力，也依旧很难推动企业的发展，使其突破瓶颈，更不要说快速发展了。这就好比让你在三天之内长高10厘米，就可以给你很多很多钱，这不是任何一个人都可以干到的吧，这或许夸张了一点儿，但实质是这并不是只靠激励就可以完成的事情。如果一家企业的发展态势不好，在发展的过程中出现了一些大问题，如商业模式出现了问题，如果这时候管理者没有意识到问题的本质，不花点心思实行商业模式创新，而采取一些没有作用的措施，这些措施也是不会有什么效果的。成长性较强、商业模式较好的企业往往更适合采取股权激励，能够取得更好的激励效果。

2. 人力资本依附性高

股权激励是对人力资本的再次开发，所以在实施股权激励之前，需要对公司的人力资源战略进行重新审视。

一般来说，依赖政府资源、银行资源以及土地资源等企业，这些企业对人力资本的依赖性比较低，是不适合实施股权激励的。股权激励的实施对企业的发展并没有太大的影响，所以意义也就不大。

如果是培训公司、高科技企业以及其他服务型企业等，这种公司的命脉一般是建立在人才的基础上，对人才有非常高的依赖性，那么企业为了有效激励人才，激发他们的热情，使其为企业发展献策献力，就有必要对他们实施股权激励，促进企业快速发展。

3. 管控模式到位

企业的管控模式怎么样，要看公司是否已经建立或完善治理约束制度，公司的内控系统是否能够对股东的资产和权益有所保障，使他们的资产和权益都不受侵害，激励对象所获得的股份权益是否能与他们所付出的努力程度相一致，等等。只有企业的管控模式做到位了，管理者才能考虑实施股权激励。

良好的管控模式的建立，不仅需要完善公司治理结构，还需要做好对激励对象的监督、考核工作。

股权激励的实施对于引爆企业内部员工具有非常积极的作用，但是有些公司给出的答案并非如此，他们认为股权激励的效果并不佳。还有些企业管理者在犹豫要不要对员工实施股权激励等，那么，究竟什么样的企业适合做股权激励呢？一般说来，企业需要满足以下三个条件，对员工实施股权激励的效果会比较好。第一个条件是企业发展态势良好，第二个条件是企业对人力资本的依附性比较高，第三个条件是企业的管控模式良好。

给员工股权后，核心管理者都另谋出路了

四川成都王总的公司主要包括一些销售部门、行政部门以及技术部门等，在公司所有人的收入中提成和奖金占相当的比例，所有人都是持股人。

王总公司的指导理念是员工的所得应当和其产值成正比。因此，他们的收入基于其创造的价值。

在这样的理念指导下，所有员工都有相当的决策权。不过虽然员工们有了决策权，但他们在进行决策和采取行动前还是依据管理层的指示和批准。更让人没想到的是，在股权激励方案实施一年后，大部分的核心管理者都另谋出路了。

事实上管理者要认识到不同岗位的员工采取一样的激励模式必定会出问题。

股权激励必须对受益者的历史贡献、岗位价值、未来创造等予以明确，如果股权激励只是管理者拍脑袋随意就可以决定的话，就会失去它应有的公平性、公正性，让不该获得的人得到不少好处，该获得股权的人反而没有获得，这就会导致真正做事的人心寒。

上述案例中王总的公司试图通过薪酬系统（基本工资、奖金和提成）和股权激励方式来促进公司员工积极性的提高，使员工的个人目标和公司目标一致，但却没有达到实际的效果。这是因为王总在实施股权激励时并没有对各岗位进行区分。由于企业的高层管理者、中层管理者、行政管理人员、销售代表、工程师以及各领域专业人员的岗位是不同的，其对企业的贡献也是不同的，如果都采用同一种薪酬结构和授权方式来对所有不同的岗位进行管理，自然会导致一系列的问题。

管理者可以从以下两方面进行解决：

1. 了解股权激励出现分配不均、滥竽充数的原因

股权激励出现分配不均、滥竽充数的主要原因有以下两个：一是缺乏相应的岗位价值分析和绩效考核机制，所以也就没有相应的可以量化的数据报告，管理者只能拍脑袋来确定股权激励对象以及股份数量；二是缺乏健全的监管体系、管控机制，导致股权激励对象不是通过自身努力让股份升值，而是通过投机取巧的方式，获得自己的利益，最终损害其他股东的利益。

2. 对人力资源依赖性较高的企业可以使用全民持股

那么怎么能避免这个问题呢？如果企业中的每一位员工都是持股人，每一位

员工的薪资构成都是基本工资＋提成＋年度奖金＋股份的话，实际上在全部工资中提成和奖金的比例占很大一部分。针对不同的岗位使用不同的激励方式来看，股权激励是一种长期的激励方式，只有能对企业业绩有直接影响的员工，如经营层、管理层以及核心员工，才会起到持股的效果。如果让普通的员工都持有股权，那便会引起一些问题，如滥竽充数、"搭便车"，因为其他人通过努力才可以促进股权价值的提高，而这些不努力的员工同样也可以分享这种价值。

当然不可否认的是全民持股也有它的价值，对于对人力资源依赖性比较高的企业这种股权激励的对策特别适合，但是也有它的适用范畴，很显然，在上述案例中，王总的公司并不适合所有员工都是持股人，这种安排并没能收到很好的效果。

企业管理者应该根据企业的具体情况去实施股权激励对策，千万不能不根据企业的实际情况，就对全体员工都实施股权激励对策，这不仅会引起滥竽充数、搭便车的现象，也会使那些贡献大的员工感受到不公平，引发矛盾，甚至离职，这对于企业来说就得不偿失了。

第五章

团队裂变之阿米巴经营

——团队再小，一旦裂变，就是无限大

阿米巴，是企业经营管理模式中使用的一个名词，也叫作"阿米巴经营管理模式"。阿米巴经营的核心是让每一个阿米巴巴长拥有自主经营权，自行制定工作计划，并依靠所有员工的智慧和努力来实现工作计划以及工作目标。

这种做法让第一线的各个员工都能成为企业经营的主角，主动参与到企业的经营过程中，从而实现"全员参与经营"。

1959 年，在几位朋友的好心帮助下稻盛和夫成立了京瓷公司，并在 1984 年成立了第二电信公司 KDDI。京瓷公司以及 KDDI 一直保持着高收益，取得了持续的发展，就是因为它们都采取了精细的部门独立核算管理以及基于牢固的经营哲学，即"阿米巴经营"的经营手法。

在拉丁语中，"阿米巴"（Amoeba）的含义是单个原生体，属原生动物变形虫科，虫体柔软并且赤裸，它可以向各个方向伸出伪足，所以它的形体也是可以不断变化的，所以也被人称作"变形虫"。能够根据外界环境的变化而变化是变形虫的最大特点，它可以不断地通过自我的调整来对所面临的生存环境进行适应。由于这种生物具有极强的适应能力，所以在地球上已经存在了几十亿年，并且是地球上最古老、最具生命力和延续性的生物体。

企业采取阿米巴经营方式的优势就在于它可以随着外部环境的变化而不断"变形"，根据外部环境不断地把企业调整到最佳状态，即成为能适应市场变化的

灵活团队。

京瓷公司前前后后经历了4次全球性的经济危机，但是都屹立不倒，更重要的是还得到了持续的发展。20世纪90年代末期，很多人都知道日本企业在经历过亚洲金融风暴后出现了问题，但是很少人听说过京瓷公司成为了东京证券交易所市值最高的公司。专家学者们纷纷开始对京瓷公司进行研究，经研究发现京瓷的经营方式与"阿米巴虫"的群体行为方式非常类似，所以得名"阿米巴经营"。

阿米巴经营具有的优势有以下几方面：

（1）提高员工参与经营的热情以及积极性，从而促进员工动力的增强，为企业快速地培养了人才。

（2）小集体是一种使效率得到彻底检验的系统，能够在企业内部彻底贯彻"销售额最大化、经费最小化"的经营原则。

（3）企业管理者对于企业经营的实际状况能够时刻掌握，并且能及时做出正确的决策，最大限度地降低了企业经营的风险。

（4）大企业化小经营，不仅可以让企业保持大企业的规模优势，同时还具备了小企业的灵活性。

（5）团队面对市场环境变化可以灵活而迅速地予以调整，从而使企业在竞争中立于不败之地。

阿米巴经营

山东青岛的郭总在听笔者介绍了阿米巴经营模式之后，产生了很多疑问。例如，"阿米巴经营到底是什么？""这种经营模式的好处到底在哪里？""把权力交给阿米巴巴长，那我怎么能放心呢？""我的公司适合使用阿米巴经营吗？""这个模式目前中国企业使用的多吗？效果如何？"……

笔者相信很多管理者都对阿米巴经营模式有所耳闻，但是同样也对这样的经营模式产生疑问，毕竟在不熟悉此经营模式的情况下会有诸多问题，或者没搞明白就引入阿米巴经营模式的话，肯定会产生诸多问题，在企业的发展过程中也会遭遇重重的困难。

郭总有这样的疑问很正常，产生这样的疑问也是很好的表现，为什么这样说呢？因为有部分中国企业在导入了阿米巴经营之后，没有取得好的利润，就认为阿米巴经营模式有问题。事实上是因为企业在导入阿米巴经营时，并没有像郭总这样提出质疑，如"阿米巴经营到底适不适合我的企业""我真的对阿米巴经营了解吗，这一模式真的会有助于企业取得更多的发展吗"等。

管理者有必要对阿米巴进行真正的了解和熟悉，真正地让它服务于自己的企业，如果对这一模式处于一知半解的状态，想取得成功也是不可能的。

那么到底什么是阿米巴经营？

1. 阿米巴经营的含义

所谓阿米巴经营，就是在正确的经营理念的指导下，将企业划分为一个个小的团队，通过独立核算制加以运作，在企业内部培养具有经营者意识的管理者，让全体员工都参与到企业的经营中去，实现全员参与型经营。

阿米巴经营开创性地制订了精细的部门独立核算管理机制，从而能够对各阿米巴的经营内容予以准确地掌握。此外，阿米巴经营坚持如玻璃般透明的经营原则，让所有员工对每个部门的经营状况都能够很清晰地了解。

2. 阿米巴经营的人文精神和哲学思想

经营管理模式有很多种，但是在这诸多的经营管理模式中，阿米巴经营做到了真正从体制上、模型上实现以人为本的人文思想。

"自主经营"的价值化、价值经营的"自主化"是阿米巴经营的核心内容。这个核心内容的本质是建立在哲学理念基础上的员工自主经营体建设，其中哲学理念包括员工第一、创造员工成就以及利他精神等。其要义是以每一个阿米巴的领导为核心，紧扣经营主题，即"销售额最大化，经费最小化"，遵循经营法则，即"定价为经营之本"，让每一个阿米巴制订自己的计划，并依靠全体员工的能力、努力来完成目标，从而让一线的每一位员工都能成为企业经营的主角，从而让他们主动参与到经营中，进而实现"全员参与经营"。其秘诀是充分将员工的创造性、积极性、能动性以及自主性等调动起来，最大限度地将人的无限潜能激发释放出来，创造单位时间核算的超限价值，实现真正的"最大化和最小化"。

其有两方面的前提条件：

一方面是企业管理者的人格魅力。管理者必须要具备"追求全体员工物质和精神两方面幸福并为社会做贡献"的信念。管理者调动员工积极性、创造性的最大动力就是管理者无私、公平的态度，这种态度也是实施阿米巴经营的第一要素。

另一方面是哲学共有。每一个阿米巴之间以及每个阿米巴内部的每一名员工，都在考虑自己所在的阿米巴的业绩时，如果没有站在为其他的员工、其他的阿米巴以及企业整体着想的"利他之心"的角度上的话，那么阿米巴经营将遭遇重重的困难。

3. 阿米巴经营核心要点

阿米巴经营核心要点包括以下内容：

（1）阿米巴经营的定义是小单位核算。

（2）阿米巴经营的思路是"收入－费用＝附加值"。

（3）阿米巴经营的本质是经营心法、修炼心性。

（4）阿米巴经营的基础是高层次的哲学（共有价值观）。

（5）阿米巴经营的灵魂是自主经营、全员参与。

（6）阿米巴经营的心脏是单位时间核算。

（7）阿米巴经营的宗旨是循环改善、日益精进。

（8）阿米巴经营的目标是实现全体员工物质与精神双丰收。

（9）阿米巴经营的关键是充分享受游戏的乐趣。

做企业必须循序渐进，切忌急功近利、一步到位；做企业要讲究活学活用、实用主义，照本宣科、教条主义只会让企业停下发展的脚步，甚至衰退、倒闭；做企业追求匹配适合，不追求完美完整，哪怕是企业进行变革，也须如此。

4. 阿米巴经营的难点

在实施阿米巴经营的管理时，每一个阿米巴经营的管理者都需要掌握协调部门利益和整体利益、协调利己和利他的辩证法，需要对"作为人，何谓正确"这种高层次的哲学进行认识、理解及掌握。其难点包括以下三方面：

（1）利他精神的培育。尤其是对价值规律、市场机制的利己性动因与私心了无、超限付出、动机至善、拼命工作的利他性动因的培育。

（2）众多自主经营体管理者的选拔培养。一般体制的管理者大都是以少数精英为主体，大多数人按标准、按分工将工作做好就行了。但是阿米巴经营则需要所有员工都面向价值源，并构成很多个自主经营体，彻彻底底地如同一个"倒金字塔"模式。在这个过程中，还必须要有全流程改造的进行，能否成功取决于众多阿米巴自主经营体的管理者是否能够管理好、经营好。任何一个胜任不了的管理者都非常有可能造成流程梗阻，甚至导致整个"金字塔"的坍塌。

（3）建立会计核算体系。这是一个非常复杂的系统工程，建立会计核算体系的过程中需要大量繁复精准、深入细致的测量核算，还需要不厌其烦地、不断地进行调试、调整。在维护过程中更需要克服困难、持之以恒、勇往直前的意志。因此，稻盛先生在讨论到经营十二条以及经营三法则时，讲的大多是意志力相关的内容。

很多管理者对阿米巴经营不是很熟悉，难免会提出阿米巴经营到底是什么的疑问。管理者首先要对阿米巴经营的含义进行了解，其次要对阿米巴经营的人文精神和哲学思想进行了解，再次要理解阿米巴的核心要点，最后要对阿米巴的经营难点进行了解。实际上关于阿米巴经营的知识还有很多，也需要广大管理者在不断的实践以及学习中进行更深入的了解和掌握。

不加改变地引用阿米巴经营

江苏南京的秦总在一年前引入了阿米巴经营理念，但是一年后，秦总却抱怨阿米巴经营的效果一点儿都没有看到，公司一直处于亏损状态，再这样下去，经营多年的公司就要关门大吉了。

笔者听了秦总的抱怨就对秦总引入阿米巴经营的事情产生了兴趣，便询问秦总的企业引入的阿米巴的具体情况。谈话结束，笔者对秦总说道："难怪你的公司会一直没有起色，你在引入阿米巴经营的时候并没有根据中国企业、你自己的企业做出一些改变，原原本本地引入阿米巴经营，人换了一个地方还有水土不服呢，引入国外的管理理念，目的当然是为了让企业取得更好的发展，而不是为了引入而引入。"

秦总听了笔者的话如醍醐灌顶，轻轻地说了句："你说得对。"

管理者要认识到以下两方面的内容：

1. 日本企业与中国企业的差异

日本和中国的国情不同，员工的价值观也不一样，每一家企业的用人理念和发展所处的阶段都是不一样的，如果对这些因素不加以辨识，就把稻盛和夫的阿米巴经营模式进行盲目照搬，其结果就是增加"试错"成本。

中国有句俗语说：橘生淮南则为橘，生于淮北则为枳。所以当面对中国的企业时，我们不能照搬照用稻盛式阿米巴，不能不进行"加工"就把稻盛式阿米巴导入中国的企业。

大多数企业的管理者在对稻盛式阿米巴经营进行接触与了解之后，发现稻盛式阿米巴经营想在中国企业落地实施并取得成功的话存在很大的困难，主要就是中国企业的很多管理者对日本企业与中国企业的差别并没有进行正确的辨别和认识，直接对稻盛式阿米巴经营方式进行引用，其结果就是以失败而告终。

2. 中国企业为什么需要中国式阿米巴

中国自 1978 年 12 月实施改革开放以来，近 40 年的改革开放使中国沿海地区出现了很多出口导向型的企业，凭借着廉价劳动力的低成本优势，逐渐形成了产业集群，形成了一定的国际竞争力，接到了大量的国际订单，成为国际制造业的生产外包基地，使"Made in China"闻名全世界。

2007 年后，由于一些因素的影响，其中包括越来越苛刻的国际环保法规的实施、美国次贷危机造成美元的购买力下降、中国出口退税政策的调整、新《劳动法》的实施、人民币的升值、原材料价格的上涨等，"灭顶之灾"降临在成千上万个中国出口导向型企业头上，给中国的企业敲响了警钟。

野蛮式增长的"中国制造"背后，深层次问题也暴露得越来越明显，如环境污染、能源高消耗、产品质量不合格被大量召回、食品安全问题、社会责任缺失——这些问题都促使中国产业经济转型。

如果从文化特质与产业发展的关系这个角度去分析的话，一个国家的文化特质在一定程度上会对这个国家的产业发展和选择造成影响。如日本制造业的精细化特质与日本"职人文化"的关系非常密切。所以，从根本上讲，中国企业如果要转型升级的话，首先就要树立一种正确的价值取向，企业的发展动力也要超越世俗商业利益的成就动机。单就一点来说，以满足顾客需求为出发点的日本企业，服务顾客是其根本，以强烈的责任感、科学的态度与合作意识为基础，不断追求进步的制造业精神，是中国每一家企业都需要深思与学习的。

上述"日本制造"的工业精神，也是每一家中国制造企业都应该秉承和追求的。一个企业如果毫无创新可言，就如同这个企业没有灵魂；一个企业创造的都是次品、没有精品的话，那这个企业就是一个丑陋的企业；一个企业如果没有核心技术，那么这个企业就如同没有脊梁一般；这样的企业又怎么可能在商场的浪潮中站起来呢？从"中国制造"到"中国创造"，虽是一字之差，但是观念却是不同的。企业只有立足于创造，才能够静下心来钻研技术，把产品做好。企业不应该急功近利，只想着赚快钱。

事实上一些表象的管理技巧并不是阿米巴经营的核心。中国企业需要从"模块竞争力"向"系统竞争力"迈进，最大限度地将员工的潜能释放出来，把员工从被动的企业管理者、企业的执行者，转变成为主动思考、主动创新的企业经营者！

中国企业的转型一方面应该升级管理理念，另一方面是企业经营体制的转型，最主要的是如何将员工的强大潜能发挥出来，只有这样才能实现产业技术及产品的升级！

经过上述分析，可以发现在这样的时代背景下，中国企业更加需要中国式阿米巴，原因如下：

（1）中国企业经营的外在空间广阔，中国企业的主流旋律仍然是开源和发展。所以中国式阿米巴应侧重于开源和关注节流。

（2）中国企业管理的内在基础相对日本企业来说比较弱，中国企业的必修内功是建制与完善。所以中国式阿米巴铺垫更多、内涵更广。

（3）中国社会环境对企业的客观影响很大，中国企业的动态平衡总是现实与梦想。所以中国式阿米巴提升经营、改善人文。

管理者可以从以下几方面进行认识：

1. 对中国式阿米巴与稻盛式阿米巴予以区别认识

中国企业的管理者在导入阿米巴经营模式时，绝不能因为读了稻盛和夫的图书，就实施与京瓷一模一样的阿米巴经营模式。管理者要意识到中国式阿米巴与稻盛式阿米巴不可能是完全一样的，两者既有共性，也有不同之处。

企业经营者首先要对稻盛式阿米巴经营背后的核心思想进行学习，理解和掌握其经营原理及原则，然后对自己企业的阿米巴经营管理体系进行构建，最终做出符合中国企业特点、自己企业的"中国式阿米巴"。

中国式阿米巴与稻盛式阿米巴的异同之处，可以用"两点一致、两点不同"这句话进行概括。

由于中国与日本国情、企业所处的环境不同，所以中国企业的管理者不能直接引用日本的阿米巴经营模式。管理者要对两者的相同与差异进行辨别，以利于更好地运用。

2. 中国式阿米巴与稻盛式阿米巴的相同点

（1）中国式阿米巴与稻盛式阿米巴在理念上是一致的，即每一位员工都成为经营者！中国式阿米巴与稻盛式阿米巴都倡导每一位员工都成为经营者，即以各个阿米巴的巴长为核心，让阿米巴巴长自行制订所在阿米巴的计划，并依靠整个阿米巴所有员工的态度、智慧以及努力等来完成计划和目标。这种做法有利于让第一线的每一位员工主动参与企业的经营，从而成为企业经营的主角，进而实现"全员参与经营"。

（2）中国式阿米巴与稻盛式阿米巴在技术上是一致的，包括团队划分、内部交易以及独立核算。团队划分，即将企业划分成若干个"自主经营"的小团队。稻盛和夫认为，阿米巴经营的起点以及终点都是阿米巴组织的划分。内部交易是指引入内部交易会计，实现内部交易，以内部市场化为运作机制来激发企业的外部竞争。体现每个阿米巴经营业绩的必要手段就是独立核算。

阿米巴经营通过科学地分析和评价业绩，对员工贡献和能力成长进行客观准确地衡量，让员工能够感受到成长的乐趣以及生命的意义。通过定期对经营的业绩进行公布，分析未完成目标的原因，从而找出问题，提出解决方法和对策，实现循环改善。

3. 中国式阿米巴与稻盛式阿米巴的区别

（1）中国式阿米巴与稻盛式阿米巴在切入点方面是存在区别的。中国式阿米巴的切入点是提升企业经营状况；而稻盛式阿米巴的切入点是转变人文精神。

（2）中国式阿米巴与稻盛式阿米巴在侧重点方面是存在区别的。中国式阿米巴侧重于开源与节流，而稻盛式阿米巴则侧重于节流，在开源方面较少涉及。

中国有句俗语说得好"橘生淮南则为橘，生于淮北则为枳"，所以管理者不能直接引入稻盛式阿米巴，要正确认识中国式阿米巴与稻盛式阿米巴，对两者的异同进行了解，做到量体裁衣地引入阿米巴经营模式，从而促进企业取得发展。

阿米巴单元的划分

河南商丘的周总见识到了阿米巴经营模式的魅力，决定对自己的企业也进行细分，把各个阿米巴单元划分给阿米巴巴长经营。周总以为这样做就可以万事大吉了，但是过了一段时间，周总却发现企业出现了一些问题，如员工的抱怨增加了、企业的经营状况变差了。

周总这时候对阿米巴经营模式产生了质疑，为什么将阿米巴单元划分给阿米巴巴长之后，企业却出现了问题呢？

实际上管理者要认识到阿米巴经营不是"阿米巴承包，分田到户"。

周总应该找出企业出现问题的原因，然后对症下药，这样才能解决问题，促使企业发展。

经过对上述案例的分析，可以看出，造成问题出现的原因就在于周总认为阿米巴经营是"阿米巴承包，分田到户"，实际上这种观念是大错特错的。企业的管理者对于阿米巴经营一定要做到真正地理解。在推行阿米巴经营模式之前，管理者一定要与员工进行深入的沟通交流，否则只会导致推行失败概率的增加。

目前为止，国内的很多企业家对阿米巴经营还处于一知半解的状态下，就直接采用了承包的办法进行阿米巴经营模式的推行，并且照搬稻盛和夫书中的核算表对阿米巴小组业绩进行考核。实际上这只会减慢企业的发展速度，甚至导致企业进入衰退、停滞的状况。核算表的设计关乎阿米巴的生命，但是国内的很多管理者对于这一点根本没有意识到，员工的素质和能力培训也没有做好，关于如何提高产品质量、降低生产成本等问题他们甚至不管不问。试想一下，这样运营阿米巴模式又怎么可能使企业取得发展？

管理者可以从以下几方面进行解决：

1. 阿米巴的经营方式

阿米巴经营方式就如同开飞机，阿米巴巴长就相当于飞机上的机长，他不仅要学会读懂仪表盘的数据，还要掌握熟练的操作技巧，从而熟练地驾驶飞机；经营会计就好似仪表盘，通过各种数据对企业的经营情况进行反映，为巴长提供决策的依据；企业的职能部门是地勤人员以及控制室，不仅需要做好后勤服务，还要对整体的运营进行把控。

2. 阿米巴经营单元的划分

权力下放是为了让员工有说出自己的见解和建议的机会，给员工充分展现自己的空间，而不是让员工放任自流、无法无天。分权的目的并不是表面的权力分配，而是为了更好地使员工进行决策。

管理者是需要拥有经营权的，但是同时管理者也一定要对分权、集权、授权的真谛进行正确地了解，配合企业的监管制度。就如同一个国家，如果一旦失去了监察机构，国家处于缺乏监管的情况下，就会产生腐败和滥用职权的现象，这是需要我们大家警醒的。

"追求销售额最大化和经费最小化"是阿米巴组织划分的原则，当企业根据自身产品的种类或生产流程对阿米巴级别进行划分后，每一个小的阿米巴经营单元都需要独自进行管理，包括独立经营、独立核算以及自负盈亏，但是这些都需要大家贡献智慧，群策群力，共同为阿米巴经营单元的发展出谋划策。这就是所谓的每一个小阿米巴经营单元的决策权。

事实上，每一位员工都会根据团队的需要来承担自己的责任，例如，我去解决生产问题，你去跑客户。每一位员工都有自己的发展平台和发展空间。

无论什么样的企业，管理者都是独立的，企业的最高决策人通常要给出最终的抉择，但是每个抉择不一定都是符合企业发展的。在这种情况下，基层员工一般情况下是没有办法去推翻上级的，换句话说就是根本没有基层员工说话的权利，而分权则恰到好处地解决了这个问题。

3. 阿米巴经营单元的协同

实际上，很多管理者都会犯和周总一样的错误，就是将阿米巴经营单元划分之后就认为万事大吉了。管理者要认识到阿米巴经营单元之间是存在协同机制的。无论是用什么方式对阿米巴进行划分的，推行阿米巴经营模式的企业都会面对一个现实且严峻的难题——组织碎片化后的裂变与协同。这实际上也是稻盛和夫在向员工灌输"作为人何为正确""利他思想"，在激励机制上强调精神激励、淡化物质激励的本质原因。但在社会文明以及中国商业环境下，不与员工进行经营成果的分享，也不进行任何的物质激励，阿米巴经营模式的推行就会遭遇重重的困难。

如果这个现实的难题没有解决好，企业要么在功利主义的驱动下最终变成一盘散沙，要么阿米巴经营模式变成一场玩数字游戏的闹剧，徒劳而无益，更别提提高企业的发展了。

所以，关于阿米巴之间的协同机制，管理者需要建立三个基本的协同机制。这三个基本的协同机制包括激励机制、市场倒逼机制以及内部契约机制。

管理者除对阿米巴经营单元进行划分外，还需要建立最优分权和经营会计体系、对优秀的人才进行选拔和培养、对阿米巴经营理念进行灌输、推动循环改善、提供系统性服务指导等工作，而承包制的阿米巴经营思维只会促使企业步入死胡同。

如果管理者秉承的是承包制的阿米巴经营思维的话，只会让企业走入死胡同，更别提什么发展。阿米巴经营并不是"阿米巴承包，分田到户"，所以管理者要了解阿米巴的经营方式，解决阿米巴单元的划分以及阿米巴单元的协同。如果没有解决好这个问题，只会在推行阿米巴经营模式的过程中遇到重重的困难。

划分阿米巴经营单元不就等于切分企业吗

重庆市的张总在听过阿米巴经营之后，对阿米巴经营单元的划分产生不解，从而对阿米巴经营模式产生了质疑，张总说："划分阿米巴经营单元不就等于是切分企业吗？"实际上张总的这个疑问也是很多管理者都会产生的。

听了张总的话，笔者就对张总说："嗯，从表面上看，是这样的，划分阿米巴经营单位是对企业的划分，但是这样做的好处更多，更有利于企业的发展，你还需要对阿米巴经营模式进行认识和了解，同时，你还要做到真正地放权。这样才有利于员工发挥自己的才能，才有利于企业的发展。"

从表面上看，阿米巴经营模式将企业划分为一个个小的经营单元，是切了企业，但是实际上，这样做更有利于凝聚团队整体的力量，让每个员工可以在自己的岗位和职务上发挥更大的能动性、自主性，进而为企业创造更大的价值。

如果管理者对于"分与合"的关系不能很好地理解和贯彻的话，在这一点上产生了错误的理解，那么企业推行阿米巴经营不仅难以取得好的效果，甚至会导致业绩下滑。

管理者可以从以下几方面入手解决：

1. 企业管理者对阿米巴单元的控制权

当然，企业管理者在实施阿米巴经营时也会面临这样的问题，就是企业决策权划分下放给每一个阿米巴单元之后，企业管理者有可能对现场失去控制权，所以企业管理者需要采取一些具体措施来防止此类问题发生。如管理者可以采取单位时间核算制度，它是连接决策层和现场的桥梁和纽带。通过这一桥梁和纽带，管理者和现场具有了共同的经营目标。

2. 单位时间核算指标

在前文中，介绍了单位时间核算制度，下面就具体地介绍单位时间核算制度。京瓷是以单位时间产量为指标，对部门的业绩成果进行统计。但是随着业务的不断发展，每个部门的产品制造形态出现的差异比较大，各个部门的成果无法继续以单位时间产值的高低来评估。所以京瓷将着眼点切到了"单位时间附加值"。这个是什么意思呢？就是从部门收入中将所有经费扣除，即所有实际支出，剩下的收益除以总时间，核算得出的"单位时间"作为标准，客观评价部门的活动成果，并形成以单位时间附加价值、利润为中心的价值核算表。

下面来介绍一下单位时间附加值以及单位时间核算表。

（1）单位时间附加值核算制度是由京瓷独创，也是一种会计体系。它可以使那些即使不懂财务的员工也能够轻松理解并掌握单位时间附加值核算，并轻松进行单位时间附加值核算。

单位时间附加值核算相比普通的部门核算，具有明显的不同：利润管理是普通部门核算的主要内容，如以销售部门为主体来管理毛利，以制造部门为成本中心；但是单位时间附加值核算是销售部门和制造部门各自独立进行利润管理，换句话说，就是独立核算，因为在独立核算的情况下，才能促进员工经营竞争意识的激发，才能够将员工的工作热情、积极性激发出来，最大限度地促进资源利用率的提高，从而创造较高的利润。

单位时间附加值核算就好像家庭中的家用账本一样，使用现金收付制，在总收入中将所有开销扣除，便可以得知利润是多少。但是相同的利润所花费的时间成本不可能都是一样的，所以为了做到公正、公平，具有可比性，将所得到的利润除以总的劳动时间，就可以得到单位时间的"附加值"。

单位时间附加值有两方面的作用：一方面是可以从纵向上对各个阿米巴经营单元的经营成果进行比较；另一方面能从横向上促进各个阿米巴经营单元之间的经营意识、竞争意识的增强。

（2）单位时间附加值核算可以促进提高员工的工作效率，提升经营利润：如果费用已经很难下降，提升利润就要通过效率的提高，缩短标准工时；如果销售额已经稳定，提升利润就要通过经费的降低。

总而言之，要想促进企业经营利润的提升，就要采取实际行动，在这个过程中，就需要时时刻刻将价值核算表运用起来。

价值核算表是指在一定经营周期内，对每一个阿米巴经营单元的研发、生产、销售等领域进行经营单元价值的核算，核算的结果是以利润体现出来，然后根据总劳动时间，再核算出单位时间的附加值。

通过核算单位时间附加值来实现每个阿米巴经营单元的价值核算，并形成以单位时间附加价值、利润为中心的价值核算表。

实际上不管是单位时间附加值的核算，还是每一个阿米巴经营单元的价值核算，都是同一个目标，就是促进员工经营意识、竞争意识的激发，促进员工工作热情的激发，从而促进员工工作积极性的提高，最终取得利润的提高。

为了达成这一目标，每一名员工都应该将单位时间核算表充分运用起来，来改善目前的工作状况，运用创新思维来打造利润增长点，提高自己对经营单元的贡献率。

通过对阿米巴单位时间核算表的分析，可以在第一时间就能发现每一个阿米巴的哪一项业务不盈利处于亏损状态、哪一项业务可以保持盈利、哪一项业务需要发展壮大，哪一项业务要控制收缩并立即给出一定的对策……总而言之，阿米巴经营会计可以让员工明明白白经营、清清楚楚做事、坦坦荡荡做人。

员工可以通过单位时间核算指标感知企业管理者对自己工作的关注，这种感受可以大大激活和提高员工的工作热情和活力。有了这一指标，管理者还可以随时介入对各个阿米巴的经营情况进行指导和监控，以防止各阿米巴随心所欲、偏离主旨。

3. 阿米巴单元并非一成不变

每一个阿米巴的设立、分裂、合并都是根据企业管理者的经营思路以及策略来决定的，并不是企业团体自然而然的分裂。例如，有些企业有意对某种产品或工艺进行发展扩大，就可以将该产品或工艺划分出来，进行独立核算。

此外，即使是同一个团队，其划分方法不一定就一样，也会因人而异。管理者可以根据工序将团队分为三个阿米巴，管理者也可以根据产品将团队分为两个阿米巴，管理者或许也可以不进行划分，这都是根据不同的管理者来决定的。

中村升常务是京瓷精密陶瓷小业本部部长，他曾经说："假设出新产品了，把新产品和旧产品放在一起做，大家自然而然会把注意力集中到新产品上，把旧产品扔掉。但我们的做法是把新产品和旧产品分开。如果总没有机会接触新东西，一般人通常会觉得自己的存在价值不大，其实不然。"实际上京瓷在创业时生产的一些产品，有些部门目前仍然在生产，并且还依然保持着高销售额、高利润的状态。尽管单价低了很多，但是通过不断地完善，仍然可以保持很高的利润。这就是员工存在的价值，是一种骄傲，是一种自信，也是阿米巴经营的真实写照。

对阿米巴进行划分的另一个影响因素就是管理者的经营能力。如果阿米巴经营不善，并且没有合适的员工作为替代人选，就可以将阿米巴划分为数个，分别交给其他的阿米巴巴长进行经营。

很多管理者只看到了阿米巴经营模式是划分的，是分裂的，实际上它还会合并那些没有发展前途的部门，努力压缩分散管理的成本。它还能及时对那些不合理的组织结构及时地做出调整。在任何时候，不管是由于什么原因，如果认为目前的组织结构存在问题、不合理，就可以立即进行分裂、合并或更换阿米巴巴长。

事实上京瓷在创业伊始就坚持根据实际需要随机应变，对组织结构进行改变。即使现在，科级阿米巴的分裂、合并以及巴长的更换都是非常频繁的，一个月将近30次的分裂以及合并都是正常的。这还是科级的阿米巴分裂以及合并的次数，班级阿米巴的组织变更次数更多。

4. 通过阿米巴提高了企业的灵活性

如今，市场、技术以及顾客的消费习惯等因素都在发生着前所未有的变革，企业也处于史无前例的不断变化之中。可以说，现在企业唯一不变的就是变化。对团队来说，时刻保持灵活机动，取代过去那些集中、僵化的组织模式对于企业的发展来说有着非常重要的意义。

阿米巴单元并不是基于功能的组织结构，因此受到部门功能制约的可能性不大。所以管理者要将阿米巴组织的柔性视为一大优势，从心里认同并接受这种灵活性带来的优势。

随着外部市场环境的不断变化，或者产品的变迁，或者技术的发展，阿米巴都可以进行再划分、增殖、解体以及合并。

如果阿米巴单元内部人员出现了富余或者不足的情况，是可以进行阿米巴单元之间的人员借贷的。借出的阿米巴单元可以通过减少人员来促进本阿米巴投入的人员时间成本的减少，而贷入方的阿米巴单元可以通过借调人手来促进产值的增加。

京瓷可以这么多年一直保持零亏损的记录，与阿米巴组织的灵活性是分不开的，有着非常直接的关系。

5. 管理者要做到放权

一个成功的管理者，往往是营造一个宽松的平台，给有潜质的、有能力的员工提供更多的发展机会，鼓励其去完成一件事，甚至是独当一面，而不是插手，甚至是从头管到尾。

韦尔奇说："我的工作是为最优秀的职员提供最广阔的机会，同时最合理地分配资金，这就是全部。传达思想，分配资源，然后让开道路。"这就是"管头管脚"。"管头管脚"即管理者对核心的部分加以把握，并传达给部下，确定工作内容。根据实际情况，选择最合适的人来处理，确定工作人选。管理的关键在于发现和培养优秀的员工，并为他们提供一切可以提供的资源。

企业中员工的力量是最可贵的，也是最为重要的，反之如果不信任员工，那么会严重挫伤员工的归属感以及自尊，最终可能导致一盘散沙的现象。如果管理者对他的员工能够做到足够的信任，无疑会增加员工的工作信心以及工作的使命感，增强其工作动力，从而促使公司稳步发展。

"用人不疑，疑人不用"是管理者必须要遵循的。如果管理者将一项任务交给员工去办，那么就要充分相信他，才能真正地进行授权。有些管理者表面上是授权了，实际上还是事事监控，甚至在关键处插手，这都是不信任的表现。信任是一种有力的激励手段，其作用是强大的，直接使员工产生责任感和自信心，所以管理者为何迟迟不肯放手呢？

很多中国的企业的管理者都喜欢将企业的权力掌握在自己的手中，这样权力集中了，同时也等于是管理者自己一个人在孤军奋战。从表面上看，划分阿米巴是对企业的切分，但是却更有利于凝聚团队整体的力量，有助于员工发挥自主能动性。企业的管理者对拥有阿米巴单元控制权的要求，可以通过单位时间核算指标来达到这一目标。同时，管理者也要认识到阿米巴单元并不是一成不变的，其在一定程度上提高了企业的灵活性。这一切实施的基础是管理者要做到放权。

做好阿米巴单元就行了吗

江西南昌的李总和笔者说前几天撤换掉一个阿米巴巴长，尽管他所在的那个阿米巴确实取得了很好的利润，单位时间核算值也很好。但笔者产生了好奇，就问李总，既然这个阿米巴巴长能取得这样的利润，说明经营得很好啊，那怎么还要给他撤换掉？李总说："你有这个疑问很正常，实际上这个人能力是有的，但是没有全局观，不为整个企业着想，只想着自己所在的阿米巴，他还说'把自己的阿米巴单元做好不就行了吗'，你说这样的人，我还敢让他当巴长吗？"笔者听了李总的话，觉得李总能将企业做得这么好是有理由的，也是应该的。

把自己的职责做好就行了吗？

很多管理者都会忽视员工的全局性观念，认为他们只要工作能力高就行了。事实上也是如此，在以往的观念中，做账就是财务部门的职责，促进销售额的提高就是销售人员的职责，以最快的速度生产出质量最好的产品就是制造部门的职责，每个部门的员工都只专注于自己的职责、自己的工作，其他部门的工作与自己是没有任何关系的。

上述的这种"门户之分"的想法也正是"大企业病"产生的根源。这种"门户之分"导致的结果就是部门之间没有配合，企业的凝聚力低下，信息不透明，资源也不共享，一切都以自己部门的利益为先，对整体利益顾及不到，或者说根本不顾及，这样大家就会产生这样一个共识——只要做好自己分内的工作，让自己的部门 KPI（关键绩效指标）达到最优就足够了。

管理者可以从以下几方面进行解决：

1. 阿米巴经营推倒"部门墙"

在传统的以职能为中心的管理模式下，流程隐蔽在臃肿的组织结构背后，一些问题层出不穷，如运作复杂、效率低下、顾客抱怨等（见图 5-1）。整个团队就形成了所谓的"圆桶效应"，信息、命令与资源也被部门墙层层阻隔（见图 5-2）。

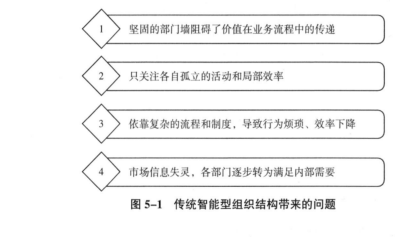

1	坚固的部门墙阻碍了价值在业务流程中的传递
2	只关注各自孤立的活动和局部效率
3	依靠复杂的流程和制度，导致行为烦琐、效率下降
4	市场信息失灵，各部门逐步转为满足内部需要

图 5-1　传统智能型组织结构带来的问题

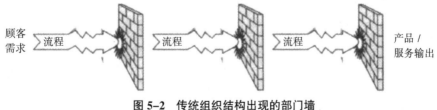

图 5-2　传统组织结构出现的部门墙

在过去的组织架构里边，传统职能型组织结果，即垂直一体化的功能型组织，这是一种非常典型的中央集权，顶端是集团，然后是总公司，再往下就是子公司。例如，政府机构，职能就分为很多种，有税务局、工商局、国土局等，各个部门分管的任务也只是其中一块儿，要将一件事情办好，就得挨个儿跑。再如，医院，首先要到固定地方去挂号，然后到科室门诊，再去缴费处进行缴费，最后去药房拿药，在医院中来回反复地跑。这样的体验对于客户来说是非常糟糕的，客户也不会对此有什么好感。

相比传统的组织结构，阿米巴更强调自我管理型团队，它不是依据部门或职能来建立的，而是围绕工作流程，这样一来，就打破了传统部门的边界。

2. 局部绩效最优并不等于企业整体最优

管理者也应该认识到部门局部绩效最优并不等同于整个企业最优。这样的例子有很多，如一个公司的采购部门以最低的价格将原料买到了，从表面上看是节约了成本，但是这些原料的质量并不过关，这样的结果就直接导致制造部门生产出的产品质量也是不过关的。再如，制造部门努力促进劳动生产率的提高，在短时间内大幅提高了产量，但是制造部对该产品的市场需求已经萎靡并不知情，这就直接导致了销售部门销售压力的加重，为了能够将产品销售出去，销售部门的员工有时会采取一定的措施，如夸大产品的功能，这样做的后果就是加大了研发部门的研发压力。因此，如果每一个部门只是想着追求自己所在部门的绩效最优的话，实则对企业整体来说反而是一种伤害。

3. 注重企业整体利益

阿米巴经营提倡的是团队协作，所以员工只考虑自身的利益是阿米巴经营最为忌讳的一点。稻盛和夫说："如果我们将企业比作一个非常庞大的单个生物体，那么阿米巴就相当于鼻子、嘴巴、眼睛等器官。所以我们在经营阿米巴时在最大限度地确保阿米巴自主性的同时，也要坚决地反对那些损害整个企业长期或整体利益的行为。"

为了能够确保企业的整体效益，每一个阿米巴在经营的时候不仅要充分发挥自己的商业头脑进行竞争，同时还要确保与其他阿米巴进行合作。在确保企业整体效益的基础上，在合作中竞争，在竞争中合作。因此这就要求阿米巴巴长在做出决定的时候，还必须考虑其他的阿米巴。如果一个阿米巴巴长在面临这样的抉择的时候，即这个决定可以使自身的利益达到最大化，但同时对其他阿米巴的利益会造成严重的损伤，他应该怎么做呢？正确的做法是应坚决放弃这一决定。

从另一个角度来思考，各个阿米巴之间的"竞争"更像是一种交易，所以维护企业的整体利益在这个交易的过程中就应该是主要内容。如果一个阿米巴只想着自己，只顾及自己的利益，结果导致了其他阿米巴的利益受到了很大的损伤的话，企业也受到了巨大的损伤，即一损俱损，那么当这个企业都不存在的时候，那个只顾及自己利益的阿米巴自然也就消失了。

在京瓷中有这样一句话："制造部门接订单，销售部门报交期。"很明显，这句话在其他企业的眼里是错误非常明显的一句话，在传统企业经营理念中，接订单是销售部门的事情，制造部门的事情则应该是报交期。而为什么京瓷会有这样一句话呢，其目的就在于告诉所有员工："如果只顾及自己的利益，而不能够站在对方的立场上去进行经营的话，那么阿米巴的经营就是一种无效的经营。"

此外，如果在阿米巴经营中出现不顾企业整体利益而只顾及自身利益，并且最终对企业造成损害的话，这种不利影响的行为就会清楚地在单位时间核算指标中予以反映。所以，一旦阿米巴经营中出现利己思想或者行为的话，就可以立马得到有效的纠正。

4. 树立全局观的经营

如果一名管理者不了解阿米巴的话，那他就会认为阿米巴经营是没有全局观的经营。事实上，这是对阿米巴的误解，换句话说就是没有完全理解阿米巴。我想每一个管理者都清楚一家企业能从众多竞争对手中脱颖而出，肯定离不开全局观的指导。阿米巴作为全球最著名的经营模式当然不会例外。

稻盛和夫在阿米巴的经营中非常重视全局观。此外，关于每一个阿米巴巴长都有全局观的培养过程，稻盛和夫也给出了解释。

企业导入阿米巴经营时就必须树立统观全局的经营观念。阿米巴所有工作的顺利完成与否在很大程度上都与其他部门息息相关。事实上一个个阿米巴既是独立存在又是相互联系的，所以如果阿米巴都没有全局观的话，难免彼此之间就会产生一些矛盾。例如，某一个阿米巴把销售的准备都已经做好了，但是供货方阿米巴却由于种种因素而一直交不了货，就等于万事俱备只欠东风，那么这个阿米巴的运行就如同陷入停滞状态。所以，这就要求阿米巴巴长要具有全局观，在突发事情发生前就建立一种及时获取突发事件信息的机制，一旦此类突发事件在未来的发展中发生，就可以在最短的时间内以最好的方式对突发事件带来的不利影响进行处理。

阿米巴经营对于计划性也非常注重。在阿米巴经营中，每一个阿米巴巴长对于每一周、每一个月的经营计划都要制定得非常详细，并且在执行的过程中随时检查，排除是否有漏洞或者错误。做一个模拟在京瓷中可能都会花费一整天的时间，而在预算会上都会非常仔细地确认所有的问题，并且在这个确认过程当中，一旦发现了一些新的问题，要马上通知所有阿米巴，而所有阿米巴要做的就是进行调整。

在阿米巴经营中，巴长之间还必须注重彼此之间的沟通。阿米巴之间都会流动着大量的资源以及信息，如果某一个阿米巴非常在意与其他阿米巴之间的界限的话，那么阿米巴的经营就会陷入停滞不前的状态。例如，如果一个设计部门的阿米巴对一份图纸进行了一定的修改，但是修改图纸这件事并没有及时地通知与之合作的生产部门的阿米巴，那么生产部门的阿米巴就会根据修改前的图纸对产品进行设计加工，那么这些产品很有可能一生产出来就注定是一批废品。

5. 管理者要确保三大权力

企业最高的管理者并不完全有实行阿米巴企业的决策权，而是将这些权力分给阿米巴，这有利于它们进行独立核算、统一管理；企业的管理者摆脱了日常的事务，集中精力研究重大决策；公司的适应性变强。阿米巴适用于那些规模大，经营范围广，分地区经营，产品种类多，技术、生产可以相互独立进行的企业。

确保公司总部的三大权力是阿米巴管理模式设计的前提。为了保障实现"中国式阿米巴"，首先对企业总部必须拥有哪些基本权力进行明确，包括重大决策权、高层人事权以合理监控权，并通过利润等指标控制阿米巴。

重大决策权是指企业总部对每一个阿米巴在重大经营管理问题上的决策权力，包括战略方向、重大战略性项目等。

高层人事权是指企业总部对每一个阿米巴高层管理者的任免权、奖惩激励权等，其中高层管理者还包括事业部的财务人员。

合理监控权是指企业总部对每一个阿米巴合理的监控权，主要体现在业务监控与财务监控两方面。其中业务监控权包括对整体经营业绩的考核权以及对业务经营状况的知情权等。

企业总部对这三种权力要完全掌握，因为这三种权力是核心权力。此外，这三种权力还是企业总部所拥有的最底线的权力。只有在此基础上，企业对阿米巴的管理才不会出现失控的问题。

从企业高层管理者来说，为了实现集中控制下的分权，促进整个企业管理工作经济性的提高，要根据实际情况进行一些职能部门的设置，如资金供应和管理、科研、公共关系、物资采购以及法律咨询等部门。

企业总部的职能主要集中在四个方面，包括战略管理、风险控制、运营协调以及职能支持。

（1）战略管理主要是解决企业整体的发展问题以及培养核心竞争力的问题。

（2）风险控制主要是解决企业的可持续性问题，促进企业生存质量的提高。

（3）运营协调主要是对整个企业每个阿米巴业务单元的协同性问题进行解决，通过企业总部独特的优势的创造，从而实现企业业务的价值最大化。

（4）职能支持主要是通过企业总部的职能共享和业务共享来实现企业运作效率的提高。这些职能支持包括财务系统、人力资源信息系统。

企业总部由于其所处的特殊地位，可以通过共享资源平台，为各阿米巴组织提供其所需的服务与资源。

实际上无论是企业的一个团队之长，还是企业中一个普通的员工，如果只想着自己以及本团队的利益，而不对企业的整体利益进行考虑的话，肯定会使企业遭受一定的损失。管理者要明白阿米巴将传统的部门墙推倒了，局部绩效最优并不代表企业整体也是最优的，注重自己阿米巴利益的同时更应该注重企业整体利益，树立全局观的经营理念。此外，管理者要确保三大权力，做到合理放权。

阿米巴巴长权限的确定

北京王总的企业实施了阿米巴经营模式，但是收到的效果却不好。王总跟笔者说："好几个阿米巴巴长令我很烦恼，给他们权限了，但是有时候我感觉已经对这些巴长失去控制了，权限是给他们了，但同时我也失去了对他们的管理权，让我很烦恼。"王总接着说："不给他们权限吧，实施阿米巴就等于换汤不换药，但是给他们吧，真是控制不了，好像企业的发展到了失控的边缘。"笔者就对王总说："什么事情都有限度，你既不能完全放，也不能不放，要合理地掌握。"王总就说："是的，这个道理我也懂，但是阿米巴巴长的权限到底怎么确定啊？"

阿米巴经营是把企业分成一个个小的团队，每一个团队都是通过与市场直接联系的独立核算制进行运营。阿米巴经营还注重培养具有管理意识的管理者，让所有员工参与经营管理，真正实现"人人成为经营者"。

但企业老板独权的模式在中国的中小型企业中普遍存在，一切决策都由企业的管理者来决定，这在很大程度上对企业的发展规模进行了制约。所以企业在导入阿米巴经营模式时，要适当地、放心地对权力进行下放，让有能力的阿米巴巴长能够独立经营，但这样并不代表企业的管理者就可以不用管了。企业要确定阿米巴巴长的权限（决策权），包括财务权限、人事组织权限、业务权限等。只要企业将授权体系明确地建立起来，监督、审计机制也予以完善的话，通过阿米巴推进委员会来管理，就可以将各个阿米巴统一整合起来。

管理者要从以下几方面进行解决：

1. 给予阿米巴巴长充分的信任

高度授权是阿米巴经营模式的特点之一。但是高度授权的基础是企业管理者必须可以甄选出有能力、有意愿以及值得企业管理者信任的阿米巴巴长。同时，管理者还要做到用人不疑、疑人不用。企业要给予阿米巴巴长充分的信任，并将他们经营这个阿米巴所需要的管理权给予他们，使他们变成一个个经营者，更富有使命感和责任感。此外，员工在努力进行阿米巴经营时，实际上是将自己全权交托给所在阿米巴巴长，所以在这个角度上来说也需要员工对阿米巴巴长有充分的信任。

2. 阿米巴巴长必须取得经营管理授权

如果一个企业推行阿米巴经营，那么就要确保给予阿米巴巴长一定的经营管理授权，尤其是那些具有业务规划与处理相对完整也相对独立的权限。只有如此，才能做到以阿米巴巴长为核心，持续自主成长，自行制订计划，独立进行核算，让每一位员工都可以成为企业经营的主角，真正实现"全员经营"，打造积极的、热情的经营集体。

那些管理者想管却因一些因素没办法管好的权限，如离市场比较远无法进行管理，那些与业务密切相关的权限，都可以适度地下放给阿米巴巴长。管理者要清楚除了必要的权力，如决策权、监督权以及职能管理权之外，一定要将其他能授予给阿米巴的权限授予出去，这些可授予权限包括业务权限、人事组织权限以及财务权限等。

企业授权给阿米巴巴长，有助于阿米巴按照公司界定的战略方向、业务规范以及经营模式快速发展。

一家企业往往会有很多个阿米巴，企业管理者面对不同的阿米巴，在授权时不应一刀切。对处于不同发展阶段或业绩、能力以及形态不同的阿米巴，应采取不同的授权方式：从而可以更紧密地对那些处于发展初期、业绩不佳、能力不足或处于主业地位的阿米巴进行控制；对那些技术较强、经营业务、业绩良好及处于边缘地位的阿米巴，企业管理者可以给予更大的放权。

在保证差异化授权大原则的基础上，不应该把差异设计得过细，这样做的后果就是容易引起阿米巴成员的反感，认为虽同为阿米巴，但不受企业的信任。

3. 给阿米巴授权的方法

"授权经营"则是指每一个阿米巴组织进行独立核算，并在经营管理上可以拥有独立性以及自主性。

对于企业来说，对阿米巴进行统筹管理可以从三个方面入手：

（1）整个企业的战略目标和经营方针的制订，处理那些重大经营管理问题，并协调每个阿米巴的经营目标与企业发展战略方面保持一致。

（2）给每个阿米巴组织分配相应的资源，对每个阿米巴进行业绩考核。

（3）考核和任免每个阿米巴巴长，并制订相应的奖惩机制。

从责、权、利相匹配的角度看，阿米巴是利润中心，需要配备相应的运作资源，还要给予其职责相匹配的授权。这些授权是否到位是阿米巴经营的关键。如果企业管理者给阿米巴的授权不到位的话，必将导致阿米巴经营的运行遭遇重重困难。

一方面由企业将拥有的资源根据预先达成的条件分配给阿米巴。阿米巴巴长可在授权范围内，对资源行使支配权、占有权、使用权以及进行必要处理的权力，从而促使企业内部形成相互激励、相互制约的运营机制，使员工的热情以及积极性都可以充分地被调动起来。

另一方面企业需要充分地给予阿米巴与其职责相匹配的授权。这些权力包括企业总的战略框架、经营目标以及经营计划的制订，内部员工的任免权以及薪酬制定权，对已分配到阿米巴的资源的自由支配权，对阿米巴业务的经营决策权，新产品开发及推广等具体经营的管理权。

4. 对阿米巴授权的地域特点与时机进行掌握

阿米巴经营强调"人人都是经营者"，在实际上的执行中要求企业管理者必须做到将权力下放，并且将权力直接下放到基层中去。而这种权力下放，并不是一概而论的，还要对地域的特点以及合适的时机进行考虑。

地域的特点，是指中国和日本是两个国家，是两个地域，两者之间存在着非常大的差异，我们不能将某个地域上发生的成功做法，不加以改变就直接运用到另外一个地域。

那什么是合适的时机呢？这需要视企业的规模、市场发展的情况以及企业文化等而定。

松下公司发明的事业部制曾经对企业的运营效率大大地予以提高，被视为企业经营中的经典。但是时过境迁，迈入 21 世纪后，事业部制给松下公司带来的负面影响几乎将这个家电巨头压垮，幸好新任社长及时悬崖勒马，将事业部制终止，才得以让松下公司避免关门大吉的遭遇。可见，是否应该将权力下放，采取什么样的形式下放，需要根据具体情况来决定，没有一劳永逸的事情。

那么，阿米巴经营到底适不适合中国的企业呢？中国企业的管理者到底该如何将权力进行下放呢？这些问题都需要企业的管理者进行冷静思考，千万不能随大流，脑子一热就拍板决定了。

5. 阿米巴的流程与权限

工作流程是什么意思呢？它是指企业的某项业务从开始到完成，由多个阿米巴组织、多个岗位，经过很多个环节协调及顺序工作共同完成的完整过程。换句话说，工作流程就是一组业务项目输入转化为产品或有偿服务输出的过程。

而管理权限是指为了保证能有效地履行职责，阿米巴巴长必须具备的，对某事项进行决策的权限。它常常表达为"具有批准……事项的权限"。

从理论上来说，权限在工作流程之后才会有。有些企业也因为某一个人的存在，就特设了一个岗位，因为岗位的存在，流程就改变了。我们在有权限之前先对工作流程进行优化，这样可以促进成本的降低，还能促进工作效率的提升。

例如，一家公司一次推行的是一级阿米巴三个，二级阿米巴四个，我们为了做标杆，选择一级阿米巴推行一个，二级阿米巴推行一个，那么选择最容易的还是选择最难的呢？每家企业都不一样。之后我们还要检查做得如何，对阿米巴的授权和流程进行重点检查，还有对接事项是不是这样对接的。

很多管理者都明白阿米巴巴长的重要性，但是对其权限怎么确定却很苦恼，不知道该怎么确定其权限。实际上管理者首先要做到的就是对阿米巴巴长给予充分的信任，给予他们适当的经营管理权，此外，管理者还要掌握授权方法，要根据地域特点以及时机进行权力下放。

阿米巴经营的导入

福建福州的蔡总对阿米巴经营很感兴趣，虽说企业现在业绩平平，但是蔡总对企业该不该导入阿米巴，怎么导入阿米巴产生了疑问。

笔者相信很多的管理者都会有这样的疑问，公司发展到什么程度才可以导入阿米巴经营，就算可以导入的话，又该怎么导入？这些都对企业以后的发展有着非常大的影响。

管理者必须要认识到阿米巴导入的重要性，企业适不适合导入，例如，有没有合适的阿米巴巴长的人选，企业内部的信任关系怎么样、管理者自身的能力以及素养如何等，这些因素对阿米巴的导入都起着非常重要的作用，所以管理者要引起十分的重视。

管理者应该认识以下几个方面：

1. 企业导入阿米巴经营的前提条件

企业在导入阿米巴经营前，须考虑一些前提条件，包括：

（1）企业管理者的人格魅力。

（2）共有的企业高层次哲学。

（3）企业内部的信任关系。

（4）严谨的数据。

（5）及时把数据反馈给阿米巴。

（6）阿米巴的划分符合工作特性（尤其是工作流程）。

（7）有效的员工培训。

（8）企业管理者开放积极的思维：首先，企业管理者必须要信任员工，给他们锻炼成长的空间以及平台；其次，企业管理者必须要具有舍得分配的精神，敢于把企业的利润分享给员工；最后，企业管理者要拥有战略或者远大的理想，能够在企业内部不断为员工成长创造空间，也就是随着市场的扩大以及企业规模的扩大，能够为更多的员工提供晋升的空间以及平台。

2. 企业导入阿米巴经营的关键点

企业导入阿米巴经营有十个关键点，包括：

（1）在崇高的经营哲学的基础上。

（2）以精确的经营管理会计为支柱。

（3）将企业划分为多个利润中心，量化分权，独立核算。

（4）各利润中心实现内部买卖，分享市场资源与信息，传递市场竞争压力。

（5）在企业内部彻底贯彻"销售额最大化，经费最小化"的经营原则。

（6）以计划为前提，将经营权下放到基层，让每一个员工都成为企业经营的主角，"全员主动参与经营"，激发他们的激情与活力，释放每一位员工的潜能与智慧。

（7）准确、及时地掌握基层组织经营状况的经营管理会计体系的建立。企业管理者可以根据此体系及时地做出正确的决策，从而最大限度地降低风险。

（8）营造企业文化，使企业内部的信任度提高，培养与企业管理者理念一致的经营人才。

（9）以人为本，从心出发，真正将企业经营的首要目的定为"为全体员工谋求物质和精神两方面的幸福"。

（10）阿米巴经营不仅是一次企业的革命，还是一次人生的革命。对于企业来说，它意味着变革，包括经营的变革以及管理的变革；对于人生来说，它也意味着变革，包括观念的变革、心智的变革以及行为方式的变革。阿米巴经营的导入，不仅需要企业管理者的睿智，还需要企业管理者的勇气，更需要企业管理者源自内心的爱。

3. 企业导入阿米巴经营模式的好处

企业导入阿米巴经营，有以下几处优势：

（1）阿米巴经营能够促进员工参与经营的积极性的提高，促进员工的动力以及活力的增强，克隆成功，复制卓越，为企业快速进行人才的培养。

（2）阿米巴经营的小集体是一种可以彻底检验效率的系统，能够在企业内部彻彻底底地贯彻"销售额最大化，经费最小化"的经营原则。

（3）在阿米巴经营方式下，企业管理者可以对企业经营的实际状况时刻进行掌握，及时做出正确的决策，从而做到企业经营风险的降低。

（4）阿米巴经营把大企业化小经营，不仅可以使企业保持大企业规模优势，还可以使企业具备小企业的灵活性。

（5）阿米巴经营的企业可以灵活地根据市场环境的变化来迅速调整，从而使企业在竞争中立于不败之地。

（6）阿米巴经营是一种最具创造力、生命力、向心力以及战斗力的组织形式。阿米巴经营是 20 世纪最成功的学习型组织，也是 21 世纪最卓越的幸福型组织，它为无数个企业打造了百年老店。

阿米巴经营是在企业牢固的经营哲学的基础上，将企业划分成一个个独立核算的利润中心，实施量化分权，实现自主经营，培养有经营意识的人才，将企业潜能进行充分释放的经营模式。

很多企业管理者在接触到阿米巴经营的时候，会提出这样的疑问，即我的企业适合导入阿米巴经营吗？管理者需要掌握导入阿米巴经营的前提条件，还需要掌握导入阿米巴经营的关键点，最后对导入阿米巴经营的好处也要予以掌握。

阿米巴巴长的确定

浙江杭州的李总是一家集装饰材料、洁具、陶瓷等建材类生产、销售为一体的企业，年产值近亿元。公司共拥有 8 家全资子公司，在全国已拥有 5 家专业现代化的生产基地，建立起上百个零售终端。

小韩是李总企业中的一位员工，他没有想到在李总的企业工作了 4 年以后，自己的职业生涯会随着企业商业模式的变革而发生了根本性的改变。

2016 年，李总的企业导入了阿米巴经营模式，随之 30 个阿米巴组织诞生了。在击败了五个竞争对手之后，小韩拥有了一个全新的头衔，即一个销售阿米巴的巴长，成为产品销售和客户服务的运营者，李总认为以小韩目前的能力以及修养，可以做好销售阿米巴的巴长。

管理者可以从以下几方面进行认识和了解：

1. 阿米巴巴长的重要性

企业导入阿米巴经营模式，倡导每一个员工都成为经营者，不仅要创造高收益，还要对高素质的企业管理人才进行培养。可以说，人才对于阿米巴经营模式推行的成败来说起到关键的作用。这个人才就是阿米巴的巴长。

一位成功的管理者要做到让最合适的人从事最合适的工作，促进工作效率以及企业经济效益的提高。企业管理者要对内部竞争机制进一步深化，不断促进员工竞争意识和危机意识的增强，使员工逐步形成这样的观念，即"岗位靠竞争、收入靠贡献"。

通过竞聘巴长，可以将那些适应阿米巴经营发展需要的人才发掘出来。同时，管理者还要在员工中建立起爱岗敬业、努力学习业务知识、增强业务技能的良好氛围。

2. 阿米巴巴长是一巴之长，并不是听从上级命令的员工

小韩之所以会有这样的机会成为阿米巴巴长，主要是因为来自于李总企业的组织变革。这种颠覆源于理论与现实的判断：互联网时代，企业生存生长的必然前提就是完全以用户为中心。李总经营模式的核心，就是以用户为中心的组织结构变革，原先的组织层级消失了，也不再是单向地下级完成上级的指令。在新的经营体系中，发现、满足用户需求，已经成为每一个阿米巴都主动追求的目标。

而作为阿米巴的巴长，实现这个组织目标的方式就是"自主经营"。小韩拥有"用人权、财权、决策权"，自己确定经营的目标，自己规划实现目标的路径以及方案。

在实际的经营过程中，小韩必须尽最大努力去发现用户。因为只有拥有了用

户，才拥有自主经营的资源，只有拥有了资源，才可以对无穷无尽的资源进行协同整合。

小韩的销售阿米巴完全自主经营，而围绕他这个阿米巴的依然是一个个"阿米巴"。这是一个可以无限细分的组织结构，到最后，就实现了每一位员工都是一个"阿米巴"。在阿米巴里，员工有权力对自己做什么进行决定，只要能回答清楚4个问题："用户要什么？""你给企业带来什么？""你想要什么？""你个人得到什么？"

管理者应该认识到以下几方面：

1. 巴长需具备的能力

作为一名阿米巴巴长，他要拥有最有意义的阿米巴组织资源：目标一致、具备能力、相互信赖、充满积极性的阿米巴成员。这是一种自主创新、协作创新以及不断创新，而这也是阿米巴经营模式本质的体现。

阿米巴巴长在紧盯市场的过程中，对用户需求达到了空前敏感的程度。销售阿米巴的巴长，说白了，就是用户需要什么，阿米巴就要有什么。以前的工作可能都是领导安排的，遇到困难，也会找借口，最简单的就是反正这是上司安排的。但是这样的借口在现在是行不通了，巴长的手里拥有市场决策权，巴长自己制定目标，投入什么样的产品，投入什么样的用户服务方案都是巴长自己决定的事情。这都无时无刻不在考验着巴长对市场的敏感度，让每一位阿米巴巴长不敢有丝毫的懈怠。

2. 巴长的压力

每一位阿米巴的巴长都需要用业绩来证明自己的能力。为用户创造的价值越多，获得的回报当然也就越多。业绩和薪酬是预先约定好的，十万元和五十万元的销售业绩，薪酬分享当然会不同，做得越多，分享越多。

创造了用户价值，员工就会按照当初设定的契约进行价值的分享。当员工创造的利润超过行业平均的1.2倍以后，就可以加速分享价值。这就将以前的按级别、按职务拿薪酬的办法彻底打破了。

有一位员工，按行业平均水平算，拿的薪酬远超副总级的，而这也正是每一位阿米巴巴长的压力。每一位阿米巴巴长都是通过竞聘才成为巴长，是阿米巴巴长的经营能力、成功方案以及业绩目标将员工凝聚在一起。大家参与显然是要"分享"：既要分享创业的机会，还要分享创业的成功。

在销售阿米巴，大都以业绩论英雄。每一位阿米巴巴长可以"选"阿米巴的成员，阿米巴成员同样可以"选"阿米巴巴长。如果那个阿米巴并没有实现既定的目标，那么阿米巴巴长手下的"兵"有权力选择不再跟着他干，或者集体决定让那个阿米巴巴长"下课"。为了防止出现"真空"，企业要规定每个阿米巴都必须有后备巴长，当巴长被下课后，"后备巴长"要主动接任。

迄今，小韩不仅没被"下课"，还培养出了很多的人才，复制出 2 个销售阿米巴。

3. 选拔阿米巴巴长的原则

在选拔阿米巴巴长时，是需要依据一定的原则的。这些原则包括以下几方面：

（1）公开原则。

是指向全体员工公开以下内容：有关巴长竞聘岗位的任职资格、岗位数量、竞聘内容、竞聘流程。

（2）竞争原则。

即通过竞争手段对岗位人选进行确定，这些手段包括个人自荐与群众推荐、资格评定、综合能力评定、巴长竞聘答辩等。

（3）全面原则。

即选聘前对竞聘者进行全面考核，包括其品德、理念、能力、知识、以往业绩以及群众评议等。

（4）择优原则。

对竞聘者要做到深入了解、全面考评、认真比较、谨慎筛选以及择优录用。

企业的核心竞争力就是人才，阿米巴巴长对于阿米巴来说有着至关重要的作用。企业的管理者要充分认识到阿米巴巴长的重要性，要明白阿米巴巴长是一巴之长，并不是听从上级命令的员工。对阿米巴巴长所要具备的能力进行了解，同时也要认识到阿米巴巴长的压力。在竞选阿米巴巴长时，还要根据一定的竞选原则。

怎么划分阿米巴

西安的赵总问笔者这样的一个问题，"阿米巴到底怎么划分啊，它的划分与我的企业之前的模式有什么不同呢？目前我的企业有财务部门、销售部门，还有人力资源部门、市场部门等"。赵总接着说："我确实体会到了阿米巴的魅力，但是阿米巴怎么划分我不知道，要不就按照以前的部门划分进行阿米巴划分，试一段时间再说，不行再进行划分。要不就按照和我做相同行业的李总的公司进行阿米巴划分。"

笔者听了赵总的话，赶紧对赵总说："阿米巴的划分对于企业来说是非常重要的，可不能脑子一热，就拍板决定了。"

企业管理者要认识到阿米巴划分的重要性。每一个行业及企业发展所处的阶段以及业务构造等都是不尽相同的，所以进行阿米巴组织划分的方式也不一样。即便做的是同一行业，每个企业的发展阶段不一样，每个企业的经营方式也不一致，所以划分也就存在差异。但是，无论采用何种方式对阿米巴进行划分，都需要管理者格外慎重，在进行阿米巴组织划分前需要对三个前提进行明确：①划分后的阿米巴可以独立核算；②有完整的职能；③有合适的巴长人选。

管理者可以从以下几方面进行确定：

1. 明确阿米巴组织划分前的三个前提

（1）划分后的阿米巴组织能独立核算。

这就要求管理者在划分阿米巴后，能够确保其可以进行独立核算，就要确定各个与市场有直接联系部门的核算制度。"追求销售额最大化和经费最小化"是企业经营的原理以及原则，为了在企业中践行这一原则，就需要将企业划分为多个阿米巴，采取能够及时有效地应对市场变化的经营决策机制。

（2）有完整的职能。

阿米巴经营的本质在上述文章中已经多次提到，即通过将企业划分为很多个阿米巴，通过与市场直接联系的独立核算制进行运营，培养具备管理意识的阿米巴巴长，让企业中的所有员工都参与经营管理，从而实现"全员参与"的经营理念。

阿米巴经营的本质特点，也要求管理者在对阿米巴进行划分时，预备成立的阿米巴必须要具备完整的职能。每个阿米巴都有自己比较完整的职能机构，即为了将利润目标的完成和实现，对阿米巴实行有效的经营管理所必须具有的功能和职责。一个阿米巴需要具备的职能有四个方面：①产品（服务）销售；②产品的生产制造；③筹集生产资金；④引进合适的人才。

（3）有合适的巴长人选。

"有人，才有可能"是柏明顿的企业理念。对阿米巴进行划分也是这个道理。有合适的巴长人选，才有可能进行阿米巴的划分。

企业在进行阿米巴划分时，需要从每个阿米巴选拔巴长，让其自主经营。阿米巴巴长拥有一些管理权力，如人事组织、财务决定和岗位调配等权力，同时权责是对应的，还必须要履行集团战略等方面的责任。担任阿米巴巴长需要具备两方面的能力，即经营意识与经营能力。阿米巴巴长需要负责阿米巴经营结果，付出的时间、精力、努力以及心血等肯定比普通员工要多。此外，还需要阿米巴巴长能够将经营目标逐渐分解到日常的工作行为中。

阿米巴经营选拔阿米巴巴长的方法是：将整个企业看成一个最大的阿米巴，再将其划分为若干个阿米巴，同时从集团内部为每个阿米巴选择阿米巴巴长，并委以重任，从而培育出许多具有经营者意识的管理者；每个阿米巴以巴长为核心，自行制订计划，独立进行核算，自主经营，让每一位员工成为主角，实现全员参与经营，打造活力四射、激情满满的经营团队。

2. 划分阿米巴组织的四个依据

（1）根据现行的组织进行划分。

管理者可以根据现行的组织架构对阿米巴进行划分。这样的划分方式可以将责、权、利划分得比较明确，还能较好地将阿米巴经营管理人员的积极性调动起来。阿米巴在企业管理者的授权下拥有一定的投资权限，是具有较大经营自主权的成本中心或者利润中心。企业管理者只需要对重大问题决策权进行掌握就可以了，这样就从日常生产经营活动中解放出来了。

（2）根据企业战略进行划分。

这是基于理性判断外部环境、自身战略定位及内部条件。一些企业依据战略进行阿米巴划分，如果判断准确的话，业务便可以得到快速拓展，形成自身的品牌优势，在行业内具有一定的影响力。但是，随着企业内部经营管理的改变以及企业外部环境的变化，与之相适应的管控模式是需要不断优化的。

（3）根据公司价值链进行划分。

如果企业管理者要实施价值链战略进行阿米巴划分，首先要分析价值链，将企业的战略环节找出来。在此基础上对企业的每一项运营环节都进行"流程再造"，塑造企业核心竞争力。

（4）根据公司的人力资源状况进行划分。

企业的人力资源不仅保障了企业战略对人才的多种需求，又能满足"业务目标达成"所需的人力资源服务能力以及人力资源技术保障。所以，阿米巴的划分，就需要根据企业的人力资源状况进行。

3. 划分阿米巴组织的五个维度

（1）按客户情况划分。

以客户为维度对阿米巴进行划分，通常与销售部门和销售工作相关。在这些以客户为中心的阿米巴中，一般由阿米巴巴长负责与主要客户进行联系。

企业确定最有价值的客户是哪些，并决定怎样与其一起获得双方价值的最大化，而为客户提供的价值就是为客户提供量身定制的产品和服务。所以，企业在划分阿米巴的时候就可以以客户为维度进行流程的安排与设计。

（2）按产品划分。

根据产品对阿米巴进行划分，主要是以企业所生产的产品为基础，将生产某一产品有关的活动，都放在同一产品的阿米巴内，再在阿米巴内进行职能部门的细分，进行生产该产品的活动。这种组织结构形态在组织设计中往往集中了一些共用的职能，由上级委派以辅导各产品阿米巴，达到资源共享。

以产品为维度对阿米巴进行划分，使各种产品线是一个独立的阿米巴，让客户能够与确切的阿米巴联系并获得满意，且各个阿米巴之间协调良好。

（3）按区域划分。

对于在地理上比较分散的企业来说，按这种划分方式是一种比较普遍的方法。其划分原则是把某个地区或区域内的业务工作集中在一起，组建一个区域阿米巴，委派一名管理者进行管理。按地区进行阿米巴的划分，对于规模比较大的公司来说特别适用。这种组织结构形态，在设计上往往设有企业总部服务部门，如财务、采购、人力资源管理等，向各区域阿米巴提供专业性的服务。

按区域维度对阿米巴进行划分，不是指对销售市场的划分，而是根据地区的客户差异，对研发、生产、物流和销售进行重新组织。这种划分方式，在产品的规模效应不明显的情况下，才显出优势。随着全球物流采购系统的日益完善，地域的差异也变得越来越小，而产品的规模优势也就日益明显。

根据区域进行阿米巴划分，有利于及时供货，也降低了运输成本，还有利于对当地客户需求进行捕捉。

（4）按品牌划分。

很多知名企业，按照细分市场进行分化，阿米巴划分的依据就是品牌。依据品牌进行阿米巴的划分，可以使企业把更多的精力投入在品牌建设方面，让旗下的各个品牌都发挥出最大的价值，因为只有强有力的品牌支撑才可能有品牌高溢价。

（5）按现有的行政职能划分。

企业对行政管理部门进行设立的初衷基本上是将主营业务（销售、制造、研发等）外的事务性工作剥离出来，使得企业的管理者在主营业务方面能够集中精力和时间，保持业务的迅猛增长并促进市场竞争力的提高。

　　企业在不断发展壮大，企业按现有的行政职能进行阿米巴的划分，从行政中分离出市场、客户服务、人力资源、售后服务等专门机构。

　　按照专业分工划分职能，有利于经验的积累以及专业职能的发展，可以避免重复设置相同的职能，适用于产品开发和生命周期较长、产品类别区别不太大的企业。这是最为常用的组织结构形式，也是目前很多工程机械相关的企业一直在沿用的管理模式。

　　管理者要意识到划分阿米巴的重要性，不能随意划分，也不能依据同行业的企业进行划分，因为每一个企业的发展阶段以及经营方式都不尽相同，所以划分方式自然存在差异。管理者首先要意识到划分阿米巴的重要性，其次要掌握划分阿米巴的三个前提，再次是掌握阿米巴划分的四个依据，最后要掌握划分阿米巴的五个维度，将这些都理解并掌握后，便可以轻松自如地对阿米巴进行划分了。

参考文献

［1］刘颖. 团队管理［M］. 北京：经济科学出版社，2016.

［2］成正心. 团队管理方法论 3：沟通说服律［M］. 北京：电子工业出版社，2016.

［3］周剑熙. 创业者要懂的 24 堂团队管理课［M］. 北京：人民邮电出版社，2016.

［4］堀之内克彦. 10 人以下小团队管理手册［M］. 程雨枫译. 北京：北京联合出版公司，2017.

［5］薛中行. 小微企业股权激励［M］. 上海：复旦大学出版社，2016.

［6］李家强. 人才来敲门：企业人才选拔之道［M］. 南京：江苏人民出版社，2016.

［7］杨晓冬. 中国式创新：个人、团队和组织［M］. 北京：清华大学出版社，2017.

［8］肯·詹宁斯，约翰·斯塔尔·沃特. 最高效的领导者在团队身后：彻底改变团队、商业及组织的服务型领导力五大法则［M］. 北京：金城出版社，2016.

［9］韩军. 带队伍的 14 个关键法则［M］. 北京：中国纺织出版社，2015.

［10］朱凯本. 凝聚群体的力量——企业的团队管理［M］. 成都：四川大学出版社，2016.

［11］科里·鲍克. 没有带不好的团队——高绩效团队管理的全新技巧模板［M］. 北京：中国友谊出版公司，2017.

［12］李强. 马云的团队经［M］. 北京：金城出版社，2015.

[13] 牧之. 让你轻松带团队的管理心理学 [M]. 上海：立信会计出版社，2015.

[14] 齐杰. 管理这么做团队更高效 [M]. 北京：中国华侨出版社，2016.

[15] 尚旭东. 管理就是带团队：带出高效团队就靠这几招 [M]. 北京：人民邮电出版社，2015.

[16] 何立. 带团队就是带人心：经理人的心理管理策略与实务 [M]. 广州：广东经济出版社，2015.

[17] 胡赛阳，黄丽清. 团队合作与个人管理 [M]. 广州：广东高等教育出版社，2016.

[18] 赵伟. 给你一个团队，你能怎么管？[M]. 南京：江苏文艺出版社，2013.

[19] 韩军. 把正能力传递给你的团队 [M]. 北京：中国纺织出版社，2016.

[20] 王志宏，马桂芬. 团队与拓展 [M]. 北京：中国电力出版社，2012.

[21] 黄治民. 股权激励操盘手册：国内知名企业高管十六年股权激励实践总结 [M]. 北京：清华大学出版社，2017.

[22] 张坤. 股权激励：打造企业利益共同体 [M]. 北京：机械工业出版社，2017.

[23] 罗富碧. 高新技术企业高管人员股权激励与研发投资的关系研究 [M]. 北京：科学出版社，2014.

[24] 朱少平. 讲给老板们的 PE 课——股权时代中小企业融资、投资与转型 [M]. 北京：中国经济出版社，2015.

[25] 黄庆华，段万春. 股权分置改革、公司财务治理和企业战略转型 [M]. 北京：中国社会科学出版社，2015.

[26] 胡礼新. 中小企业股权激励实操 [M]. 北京：中国铁道出版社，2017.

[27] 范松林. 阿米巴经营模式实践与创新 [M]. 北京：中国财政经济出版社，2017.

[28] 杨荇民. 我眼中的阿米巴经营 [M]. 北京：中国商务出版社，2017.

[29] 森田直行. 阿米巴经营 [M]. 北京：机械工业出版社，2015.

［30］詹承坤.阿米巴经营之组织进化［M］.北京：企业管理出版社，2015.

［31］胡八一.中国式阿米巴落地实践之从交付到交易［M］.北京：企业管理出版社，2017.

［32］三矢裕，谷武幸，加护野忠男.稻盛和夫的实学：阿米巴模式［M］.北京：东方出版社，2013.

［33］胡八一.中国式阿米巴落地实践之激活组织［M］.北京：中华工商联合出版社，2016.

［34］周文强.国产阿米巴［M］.北京：华夏出版社，2016.